# Hombres poderosos

Los 25 hombres
más influyentes
en la historia moderna

## Phillips Tahuer

Ediciones Afrodita

# Contenido

Introducción

# Introducción

**Concepto de poder**

El poder se puede definir como la capacidad de influir, dirigir o controlar el comportamiento de otras personas o el curso de los eventos. Es una fuerza que puede originarse en diversas fuentes y manifestarse de diferentes maneras. En términos generales, el poder implica la habilidad de afectar decisiones, cambiar percepciones y movilizar recursos para alcanzar objetivos específicos.

De ninguna manera se refiere a que los resultados sean buenos o morales, el poder solo se refleja cuando causa efectos. Puede suceder que una persona ocupe el cargo más importante de un país, pero resulta que, por tener un carácter timorato, al verdadero poder lo ejerce otro más entre las sombras.

**Tipos de Poder:**

Poder Coercitivo: Basado en la capacidad de imponer sanciones o castigos. Este tipo de poder se ejerce cuando alguien puede forzar a otros a actuar de una manera determinada bajo amenaza de consecuencias negativas.

Poder de Recompensa: Surge de la capacidad para ofrecer recompensas o incentivos. Se basa en la promesa de beneficios a cambio de conformidad o desempeño.

<u>Poder Legítimo:</u> Deriva de una posición o rol reconocido oficialmente dentro de una estructura social, política u organizacional. Este poder se basa en la aceptación de las normas y reglas establecidas.

<u>Poder Experto:</u> Proviene del conocimiento especializado o habilidades técnicas que alguien posee y que otros valoran. Las personas confían en aquellos que tienen experiencia y competencias específicas.

<u>Poder de Referencia:</u> Se basa en la admiración o respeto hacia una persona. Este tipo de poder se ejerce cuando otros quieren imitar o alinearse con los valores y comportamientos del que lo posee.

<u>Poder de Información:</u> Se fundamenta en el control o acceso a información clave que otros no poseen. Aquellos que tienen información crucial pueden influir en decisiones y acciones.

## Relación del poder con las personas

El poder está intrínsecamente ligado a las relaciones humanas y puede tener un impacto profundo en cómo se desarrollan estas relaciones y en la estructura de la sociedad. Algunas de las formas en que el poder se relaciona con las personas son:

<u>Dinámicas Sociales:</u> El poder determina cómo se distribuyen los recursos, cómo se toman las decisiones y cómo se establecen las jerarquías dentro de los grupos y sociedades. Las personas que detentan poder tienen la capacidad de influir en las normas sociales,

las políticas y la vida cotidiana de las personas a su alrededor.

<u>Influencia y Persuasión:</u> El poder permite a las personas persuadir y motivar a otras para que actúen de cierta manera. Este tipo de influencia puede ser directa, como en el caso de un líder que moviliza a su equipo hacia un objetivo común, o indirecta, como en la forma en que las figuras públicas modelan las actitudes y comportamientos a través de los medios de comunicación.

<u>Relaciones de Autoridad:</u> En contextos organizacionales y políticos, el poder se manifiesta a través de relaciones de autoridad, donde quienes ocupan posiciones de liderazgo tienen la capacidad de tomar decisiones que afectan a quienes están en niveles jerárquicos inferiores. Esta relación puede fomentar un sentido de obligación y conformidad, pero también puede generar conflictos y resistencia.

<u>Desigualdad y Conflicto:</u> La distribución desigual del poder puede dar lugar a conflictos y desigualdades. Cuando el poder está concentrado en manos de unos pocos, puede resultar en la marginalización de grupos y en la perpetuación de injusticias. Las luchas por el poder a menudo reflejan tensiones entre diferentes intereses y aspiraciones.

<u>Empoderamiento:</u> El poder también está relacionado con el empoderamiento, que es el proceso de aumentar la capacidad de una persona o grupo para controlar su vida y tomar decisiones. El empoderamiento implica proporcionar a las personas los recursos, el

conocimiento y el apoyo necesario para que puedan ejercer su propio poder e influir en su entorno.

## El Poder en el Siglo XX y XXI: Influencia Política, Económica y Cultural en un mundo globalizado

En el siglo XXI, el concepto de poder ha evolucionado de manera notable. Ya no se trata únicamente de dominación territorial o militar, como ocurría hasta el Siglo XX, sino que la capacidad para ejercer influencia se manifiesta en esferas cada vez más amplias y complejas: política, economía y cultura. A medida que el mundo se relaciona aún más, estas formas de poder interaccionan y se entrelazan, moldeando la realidad de millones de personas a nivel mundial.

## El Poder Político: Gobernanza y Liderazgo Global

El poder político ha sido tradicionalmente una fuerza dominante, pero en la era moderna, su alcance y dinámica han cambiado. Los líderes políticos de hoy enfrentan el desafío de manejar no solo asuntos nacionales sino también cuestiones internacionales que requieren colaboración y negociación global. Figuras como Angela Merkel, Vladimir Putin y Xi Jinping han demostrado cómo la política nacional puede tener un impacto global. Merkel, como canciller de Alemania, jugó un papel crucial en la política europea y en la gestión de crisis como la migración y la pandemia de COVID-19. Putin y Xi, por su parte, han reforzado la influencia de Rusia y China en el escenario mundial, cada uno a su manera, a través de políticas internas que tienen ramificaciones internacionales. La creación de los BRICS, es una muestra de del nuevo orden mundial que se está gestando.

Además, la capacidad de influir en políticas globales mediante organismos internacionales y acuerdos multilaterales es una faceta crucial del poder político contemporáneo. La habilidad de líderes para formar coaliciones, negociar tratados y gestionar relaciones diplomáticas demuestra cómo el poder político se ha convertido en una red de interacciones globales.

## El Poder Económico: Transformación a través del capital y la innovación

En la economía global, el poder se manifiesta en la capacidad de controlar recursos, capital e innovación tecnológica. Steve Jobs y Bill Gates son ejemplos emblemáticos de cómo el poder económico puede transformar la sociedad. Jobs, con Apple, revolucionó la tecnología y la comunicación, mientras que Gates, con Microsoft, hizo accesible la informática personal a nivel mundial. Ambos han moldeado la forma en que interactuamos con la tecnología y, por ende, cómo operan nuestras economías y nuestras vidas.

El poder económico no solo reside en individuos y corporaciones, sino también en naciones y alianzas económicas. Las políticas monetarias y fiscales de grandes economías como Estados Unidos, China y la Unión Europea tienen impactos significativos en los mercados globales, en las tasas de cambio y en la estabilidad económica mundial. El dominio en sectores estratégicos, desde la energía hasta la tecnología, demuestra cómo el poder económico puede influir en el bienestar global.

## El Poder Cultural: Influencia a través de los Medios y las Ideas

El poder cultural se ha vuelto cada vez más relevante en un mundo interconectado. A través de los medios de comunicación, el entretenimiento y la difusión de ideas, las personas y las instituciones pueden moldear percepciones, actitudes y comportamientos a nivel mundial. Oprah Winfrey, con su programa de televisión y su influencia en los medios, ha tenido un impacto profundo en la cultura y en la forma en que se abordan temas como el bienestar, la educación y los derechos humanos. De manera similar, Bono, con su activismo en derechos humanos y desarrollo global, ha usado su plataforma para promover cambios sociales y políticos.

La influencia cultural también se manifiesta en la globalización de tendencias y valores. La capacidad de difundir ideas y modas a través de plataformas digitales ha democratizado el acceso a la cultura, permitiendo que movimientos sociales y causas ganen tracción rápidamente en todo el mundo. Los memes, las redes sociales y el entretenimiento digital son ahora herramientas poderosas para la creación y difusión de ideas.

## Intersecciones y Desafíos

En la práctica, estos tres tipos de poder—político, económico y cultural—no operan de manera aislada. A menudo se entrelazan y se influyen mutuamente. Por ejemplo, las decisiones políticas pueden afectar la economía global, y las corrientes culturales pueden influir en las políticas públicas. El ascenso de las plataformas digitales ha amplificado este entrelazamiento, permitiendo una interconexión sin precedentes entre la política, la economía y la cultura.

Sin embargo, este entrelazamiento también presenta desafíos. La influencia desmedida de individuos o corporaciones puede llevar a desigualdades y abusos de poder. Las políticas globales pueden ser influenciadas por intereses económicos que no siempre coinciden con el bienestar común. Y la difusión cultural puede, a veces, llevar a la homogenización cultural, en detrimento de la diversidad local.

A continuación, desarrollaremos una lista limitada de hombres que, a criterio general, son considerados como los más influyentes del Siglo XX hasta la actualidad.

La selección de personas en este libro es en gran medida subjetiva y depende de los criterios utilizados: Alcance geográfico del poder, duración del impacto de su influencia, naturaleza del poder, métodos utilizados y legitimidad del poder.

La lista a continuación se basa en la capacidad de estos hombres para influir en grandes sectores de la sociedad, ya sea a través de la política, la cultura, la tecnología o la religión. Cada uno de ellos ha dejado una marca duradera en la historia moderna, para bien o para mal.

# 1.  Nelson Mandela

Nelson Rolihlahla Mandela nació en Mvezo, Umtata, entonces parte de la Colonia del Cabo en Sudáfrica (actualmente parte de la Provincia Oriental del Cabo) el 18 de julio de 1918, en el seno de una familia de la etnia Thembu, una rama de los xhosas. Su nombre "Rolihlahla" se traduce como "tirador de ramas" o, en un sentido más figurado, "alborotador". Su padre, Gadla Henry Mphakanyiswa, era el jefe del clan Thembu y su madre, Nosekeni Fanny, era una mujer respetada en la comunidad. Mandela asistió a la escuela primaria en el pueblo de Qunu, donde su maestro le dio el nombre de "Nelson", una práctica común en esa época para los niños africanos.

En 1939, Mandela se trasladó a la Universidad de Fort Hare, una de las instituciones educativas más importantes para los africanos en ese momento. Durante su estancia en la universidad, Mandela se involucró en el activismo estudiantil y se unió a la Liga de Estudiantes Africanos, sentando las bases para su futuro liderazgo.

Después de completar su educación en Fort Hare, Mandela se trasladó a Johannesburgo, donde se unió al partido político del Congreso Nacional Africano (ANC) en 1943. En 1944, junto con otros líderes jóvenes, fundó la Liga Juvenil del ANC, que promovió una visión más radical para la lucha contra el apartheid, un sistema de segregación racial y discriminación institucionalizado en Sudáfrica.

En 1952, Mandela y Oliver Tambo fundaron el primer bufete de abogados de propiedad negra en Sudáfrica, proporcionando asistencia legal a quienes no podían permitirse pagar. La estrategia de desobediencia civil del ANC fue un enfoque central durante los años 50 y 60, y Mandela se convirtió en una figura prominente en la lucha contra el régimen del apartheid.

El 5 de agosto de 1962, Mandela fue arrestado y, tras un juicio en 1964, fue condenado a cadena perpetua por sabotaje y conspiración para derrocar al gobierno. Pasó 27 años en prisión, principalmente en la isla Robben, donde su espíritu y liderazgo se convirtieron en símbolos internacionales de la lucha por la justicia y la igualdad.

En 1990, Nelson Mandela fue liberado de prisión, lo que marcó el comienzo de una nueva era en Sudáfrica. Su liberación fue el resultado de un creciente movimiento internacional contra el apartheid y la presión interna dentro del país. A partir de entonces, Mandela lideró las negociaciones para el fin del apartheid y la transición hacia una democracia multirracial.

En 1991, Mandela fue elegido presidente del ANC en su conferencia nacional en Durban, y en 1993 recibió el Premio Nobel de la Paz junto con el entonces presidente sudafricano F.W. de Klerk por sus esfuerzos en la reconciliación y la negociación del fin del apartheid.

El 27 de abril de 1994, Sudáfrica celebró sus primeras elecciones democráticas y Nelson Mandela se convirtió en el primer presidente negro del país. Su presidencia se centró en la reconciliación nacional, el establecimiento de una Comisión de Verdad y Reconciliación (presidida por Desmond Tutu) y la implementación de políticas para mejorar la vida de los sudafricanos desfavorecidos.

Después de su presidencia, Mandela se retiró de la vida política activa en 1999, pero continuó trabajando en diversas causas humanitarias y filantrópicas. Fundó la Fundación Nelson Mandela, que se enfocó en la educación, la salud y el desarrollo comunitario. También desempeñó un papel activo en la promoción de la paz y los derechos humanos a nivel global.

El líder político falleció el 5 de diciembre de 2013 en Johannesburgo, Sudáfrica.

Su legado es vasto y multidimensional. Su lucha contra el apartheid, su capacidad para reconciliar a una nación dividida y su compromiso con la justicia social han dejado una marca indeleble en la historia mundial. Mandela se convirtió en un símbolo de la resistencia pacífica y el poder del perdón.

El impacto de sus acciones fue tan profundo que su figura se ha convertido en un modelo para los líderes y activistas en todo el mundo. En 2013, su fallecimiento fue un evento de gran importancia internacional, con líderes mundiales y ciudadanos de todo el planeta rindiendo homenaje a su vida y obra.

Nelson Mandela no solo luchó contra un sistema opresivo, sino que también demostró que el poder de la perseverancia, la paz y el diálogo puede superar las barreras más duras. Su vida y legado continúan inspirando a generaciones en la búsqueda de justicia, igualdad y reconciliación.

## 2.  Mahatma Gandhi

Mohandas Karamchand Gandhi nació el 2 de octubre de 1869 en Porbandar, Estado de Kathiawar, India Británica (actualmente Gujarat, India). Conocido mundialmente como Mahatma Gandhi, se educó en una familia de la comunidad mercantil de los Vaishya en Porbandar, una ciudad costera en el estado de Gujarat. Su padre, Karamchand Gandhi, era el diwan (ministro principal) del estado de Porbandar, y su madre, Putlibai, era conocida por su devoción religiosa.

Gandhi recibió una educación tradicional india en la escuela primaria y secundaria, y en 1888 viajó a Londres para estudiar Derecho en el University College London. Durante su estancia en Inglaterra, Gandhi se comprometió con una vida de simplicidad y comenzó a familiarizarse con las ideas de pensadores como Henry David Thoreau y Leo Tolstoy, cuyos conceptos influyeron en su filosofía futura de resistencia no violenta.

En 1893, Gandhi se trasladó a Sudáfrica para trabajar como abogado en un caso de discriminación racial. Durante su estancia de 21 años en Sudáfrica, experimentó de primera mano el racismo y la injusticia contra la comunidad india. Fue en este contexto donde desarrolló y perfeccionó su enfoque de "Satyagraha" o resistencia no violenta, basándose en la verdad y la no violencia como herramientas de protesta y cambio social.

Gandhi organizó varias campañas para la igualdad de derechos de los indios en Sudáfrica, incluyendo protestas contra las leyes de registro que obligaban a los indios a llevar identificaciones. Su enfoque innovador de la resistencia no violenta y la desobediencia civil le permitió obtener victorias significativas en Sudáfrica y sentó las bases para su futura lucha en India.

Gandhi regresó a India en 1915 y rápidamente se convirtió en una figura central en el movimiento por la independencia. Su filosofía de resistencia no violenta y sus métodos de protesta pacífica capturaron la imaginación del pueblo indio y ganaron el apoyo de las masas.

En 1919, Gandhi organizó una campaña de desobediencia civil masiva contra el Acta Rowlatt, una ley que permitía a las autoridades británicas arrestar y detener a personas sin juicio. La campaña fue un éxito significativo, pero también estuvo marcada por la violencia que estalló en el motín de Amritsar en 1919, donde cientos de indios fueron asesinados por soldados británicos. Gandhi respondió con un llamado a una huelga general y un boicot a los productos británicos.

En 1930, Gandhi lanzó la famosa Marcha de la Sal, una protesta de 240 millas contra el monopolio británico sobre la producción de sal. La marcha atrajo la atención internacional y fortaleció la posición del Congreso Nacional Indio como la principal fuerza en la lucha por la independencia.

El Movimiento de No Cooperación de Gandhi, lanzado en 1920, fue una protesta nacional contra el dominio británico que incluyó boicots a instituciones británicas, tribunales y productos. Aunque el movimiento enfrentó desafíos y periodos de represión, la campaña de Gandhi ayudó a movilizar a millones de indios en torno a la causa de la independencia.

La Marcha de la Sal fue una demostración dramática del poder de la resistencia no violenta. Gandhi y sus seguidores marcharon desde su ashram en Sabarmati hasta la costa de Dandi para producir sal en violación de la ley británica. Este acto simbólico de desobediencia atrajo la atención mundial y subrayó la injusticia del régimen colonial.

En 1942, Gandhi lanzó la Campaña de "Hacer o Morir" (Quit India), exigiendo el fin inmediato del dominio británico. La campaña fue ampliamente reprimida, y Gandhi y otros líderes del Congreso fueron arrestados. A pesar de esto, la presión de las campañas de resistencia no violenta y la creciente tensión de la Segunda Guerra Mundial llevaron a los británicos a reconsiderar su posición.

La independencia de India finalmente se concretó el 15 de agosto de 1947, cuando la India se liberó del dominio británico. Sin embargo, la partición del país en India y Pakistán, que fue una fuente de gran dolor y violencia, fue una causa de gran tristeza para Gandhi, quien había abogado por una India unida y armoniosa.

Gandhi continuó trabajando por la paz y la reconciliación entre hindúes y musulmanes hasta su asesinato el 30 de enero de 1948 por Nathuram Godse, un extremista hindú que se oponía a sus esfuerzos por la paz. La noticia de su muerte conmocionó al mundo entero y sus funerales se convirtieron en un evento global de duelo.

El legado de Gandhi es profundamente influyente a nivel mundial. Su enfoque de resistencia no violenta y su filosofía de vida simple inspiraron a movimientos de derechos civiles y liberación en todo el mundo. Líderes como Martin Luther King Jr., Nelson Mandela y César Chávez han citado a Gandhi como una influencia crucial en sus propias luchas por la justicia y la igualdad.

El impacto de Gandhi en la historia global se manifiesta en su capacidad para movilizar a millones de personas a través de métodos pacíficos y su contribución a la creación de una India libre del dominio colonial. Su vida y enseñanzas continúan siendo un faro de esperanza y un recordatorio del poder de la resistencia pacífica en la búsqueda de la justicia.

Mahatma Gandhi, con su firme creencia en la no violencia y la verdad, revolucionó la forma en que las personas pueden luchar contra la opresión y la injusticia. Su vida es un testimonio del poder del espíritu humano para transformar la realidad y generar cambios duraderos a través de medios pacíficos.

## 3.   Winston Churchill

Sir Winston Leonard Spencer-Churchill nació el 30 de noviembre de 1874 en Blenheim Palace, Oxfordshire, Inglaterra, como el segundo hijo de Lord Randolph Churchill, un prominente político conservador, y de Lady Randolph Churchill (nacida Jennie Jerome), una socialité estadounidense. Desde una edad temprana, Churchill estuvo rodeado por el esplendor de la alta sociedad y la política, lo que influyó en su futura carrera.

Churchill asistió a la escuela secundaria de Harrow, donde mostró un carácter rebelde y dificultades académicas. Después, se trasladó al Royal Military Academy Sandhurst, donde estudió para convertirse en oficial del ejército británico. Su carrera militar comenzó con un viaje a Cuba para cubrir la Guerra de Independencia cubana como corresponsal y continuó con diversas campañas en la India, Sudán y Sudáfrica, donde participó en la Segunda Guerra de los Bóers.

Churchill entró en la política en 1900 cuando fue elegido miembro del Parlamento por Oldham como conservador. Su carrera política estaba marcada por su habilidad para cambiar de partido, lo cual hizo en 1904 cuando se unió al Partido Liberal. Durante su tiempo con los liberales, Churchill fue nombrado Ministro de Comercio en 1908 y posteriormente ocupó el cargo de Primer Lord del Almirantazgo en 1911.

En su papel como Primer Lord del Almirantazgo, Churchill impulsó la modernización de la flota británica y fomentó la creación de la Royal Naval Air Service. Sin embargo, su reputación sufrió un golpe tras el fracaso de la campaña de los Dardanelos en la Primera Guerra Mundial, lo que llevó a su dimisión y a un breve retiro de la política.

Tras su renuncia, Churchill se alistó en el ejército y participó en la Primera Guerra Mundial en la línea del frente. Su experiencia en el campo de batalla le permitió recuperar su reputación y, en 1924, volvió al gobierno como Ministro de Hacienda bajo el Primer Ministro conservador Stanley Baldwin. Durante su mandato, Churchill defendió la política de retorno al patrón oro, una decisión que tuvo consecuencias económicas negativas.

A lo largo de la década de 1930, Churchill fue una figura marginal en la política británica, pero sus advertencias sobre el creciente poder de la Alemania nazi y su oposición al apaciguamiento de Hitler lo mantuvieron en el centro del debate político.

El verdadero impacto de Churchill se consolidó durante la Segunda Guerra Mundial. En mayo de

1940, tras la dimisión de Neville Chamberlain, Churchill fue nombrado Primer Ministro. Su liderazgo durante la guerra fue crucial, especialmente en los primeros años cuando el Reino Unido enfrentaba el peligro inminente de una invasión nazi.

Churchill se destacó por sus discursos inspiradores y su habilidad para mantener la moral alta en tiempos de adversidad. Frases como "Nunca en el campo de la historia humana tantos debieron tanto a tan pocos" aludían a los pilotos de la Royal Air Force durante la Batalla de Inglaterra. Su capacidad para galvanizar al pueblo británico y a los aliados fue fundamental para la resistencia contra el Eje y el eventual triunfo de los Aliados.

En 1941, Churchill se reunió con el presidente estadounidense Franklin D. Roosevelt en la Conferencia de Atlántico, que sentó las bases para la alianza entre Estados Unidos y el Reino Unido y para la declaración de los objetivos comunes en la postguerra.

Después de la victoria en la Segunda Guerra Mundial, Churchill fue derrotado en las elecciones generales de 1945, pero continuó desempeñando un papel importante en la política global. En 1946, pronunció el famoso discurso de "La Cortina de Hierro" en Fulton, Missouri, advirtiendo sobre el creciente poder de la Unión Soviética y la necesidad de una fuerte alianza occidental.

Churchill regresó al poder como Primer Ministro en 1951 y su segundo mandato estuvo marcado por la política exterior y la gestión de la descolonización.

Durante este tiempo, supervisó el proceso de descolonización en África y Asia, apoyando la independencia de varias naciones.

Winston Churchill dejó un legado duradero que trasciende su rol como líder de guerra. Fue un político influyente, un escritor prolífico y un orador talentoso. Su habilidad para usar el lenguaje como una herramienta para inspirar y motivar a las personas es una de las características más memorables de su carrera.

En 1953, Churchill recibió el Premio Nobel de Literatura por sus discursos y escritos, destacando su impacto en la literatura y la historia. Su legado también se refleja en sus contribuciones a la política internacional y en la forma en que enfrentó el desafío del totalitarismo.

Churchill murió el 24 de enero de 1965 a los 90 años en Londres, y su funeral de estado fue uno de los más grandes y extensos en la historia del Reino Unido. Su influencia se mantiene viva en la política, la estrategia y la comunicación, y sigue siendo una figura emblemática del liderazgo durante tiempos de crisis.

Winston Churchill fue una figura clave en la historia del siglo XX, cuya capacidad para liderar, inspirar y comunicar tuvo un impacto profundo en el curso de la Segunda Guerra Mundial y en la política global. Su vida y obra continúan siendo estudiadas y admiradas, y su legado como líder visionario y orador persuasivo perdura como un ejemplo de coraje y determinación en tiempos de adversidad.

# 4.  Franklin D. Roosevelt

Franklin Delano Roosevelt nació el 30 de enero de 1882 en Hyde Park, Nueva York, Estados Unidos, en una familia acomodada. Era hijo único de James Roosevelt, un prominente hombre de negocios y político, y Sara Delano Roosevelt, una mujer de ascendencia holandesa. La familia Roosevelt estaba bien posicionada en la alta sociedad neoyorquina, y Franklin creció en un entorno de privilegio y educación.

Roosevelt asistió a la Escuela Groton, una prestigiosa institución preparatoria, y luego estudió en Harvard, donde se graduó en 1903. Durante su tiempo en Harvard, desarrolló un interés en la política y las relaciones internacionales, y fue editor de la revista de la universidad. Su formación académica y su ambiente familiar influyeron en su posterior carrera política.

En 1905, Roosevelt se casó con Eleanor Roosevelt, su prima lejana y una figura influyente en su propia carrera. Eleanor se convirtió en una destacada defensora de los derechos civiles y una figura clave en la política y las reformas sociales.

Después de graduarse de Harvard, Roosevelt asistió a la Universidad de Columbia para estudiar derecho, aunque no completó su formación legal. En 1910, fue elegido miembro del Senado Estatal de Nueva York, marcando el inicio de su carrera política. Su trabajo en el Senado se centró en la reforma progresista y la mejora de las condiciones laborales y de vida.

En 1913, Franklin fue nombrado Asistente del Secretario de la Marina por el presidente Woodrow Wilson. Durante su tiempo en el Departamento de la Marina, Roosevelt se comprometió con la modernización de la flota estadounidense y se preparó para el conflicto global que se avecinaba.

En 1921, Roosevelt fue diagnosticado con poliomielitis, una enfermedad que lo dejó paralizado de la cintura hacia abajo. Este desafío personal fue un punto de inflexión en su vida, pero no lo desanimó. A pesar de las limitaciones físicas, Roosevelt continuó con su carrera política y se centró en el servicio público.

En 1928 fue elegido Gobernador de Nueva York. Durante su mandato, implementó una serie de reformas progresistas que mejoraron las condiciones económicas y sociales del estado, incluyendo la creación de un sistema de seguro por desempleo y la regulación de las industrias.

En 1932, Roosevelt fue elegido presidente de los Estados Unidos en un contexto de Gran Depresión. Su campaña se centró en la promesa de un "New Deal" para enfrentar la crisis económica.

El "New Deal" fue un conjunto de programas, reformas y proyectos destinados a aliviar los efectos de la Gran Depresión, promover la recuperación económica y reformar el sistema financiero. Roosevelt implementó una serie de medidas para abordar el desempleo, la recuperación industrial y la reforma financiera.

Algunas de las iniciativas más destacadas del New Deal incluyeron:

<u>La Ley de Seguro por Desempleo:</u> Estableció un sistema federal de seguros por desempleo y asistió a los trabajadores que habían perdido sus trabajos.

<u>La Ley de Seguridad Social:</u> Creó un sistema de pensiones para los ancianos, las viudas y los huérfanos, y proporcionó asistencia a las personas con discapacidades.

<u>La Administración de Proyectos de Obras (WPA):</u> Proporcionó empleo en proyectos de infraestructura y obras públicas, como la construcción de puentes, carreteras y edificios públicos.

<u>La Ley de Regulación de la Bolsa de Valores:</u> Estableció la Comisión de Valores y Bolsa (SEC) para regular el mercado de valores y prevenir prácticas financieras fraudulentas.

El New Deal transformó el papel del gobierno federal en la vida estadounidense y estableció las bases para el estado de bienestar moderno. Roosevelt logró restaurar la confianza pública en el gobierno y en el sistema financiero.

Con el estallido de la Segunda Guerra Mundial, Roosevelt adoptó una postura de apoyo a los aliados, a pesar de la neutralidad inicial de Estados Unidos. En 1941, el presidente Roosevelt y el primer ministro británico Winston Churchill se reunieron en la Conferencia del Atlántico y emitieron la Carta del Atlántico, que delineaba los principios de la postguerra y el compromiso de los aliados de luchar por la victoria.

Roosevelt desempeñó un papel crucial en la movilización de los recursos estadounidenses para la guerra. A través de la Ley de Préstamo y Arriendo, Estados Unidos proporcionó asistencia militar y material a los países aliados, como el Reino Unido, la Unión Soviética y China.

El liderazgo de Roosevelt durante la guerra fue decisivo para la estrategia aliada, y su capacidad para coordinar con otros líderes mundiales, como Churchill y el líder soviético Josef Stalin, fue clave para el éxito de los esfuerzos bélicos.

En 1944, Roosevelt fue reelegido para un cuarto mandato presidencial, convirtiéndose en el único presidente en la historia de los Estados Unidos en servir más de dos mandatos. Durante su último período presidencial, Roosevelt enfrentó la creciente preocupación por la posguerra y la configuración del nuevo orden mundial.

En abril de 1945, mientras estaba en una casa de descanso en Warm Springs, Georgia, Roosevelt sufrió un derrame cerebral y falleció el 12 de abril de 1945. Su muerte marcó el fin de una era en la política estadounidense y mundial.

El legado de Franklin D. Roosevelt es profundo y duradero. Su capacidad para liderar durante la Gran Depresión y la Segunda Guerra Mundial dejó una marca indeleble en la historia estadounidense. Su implementación del New Deal estableció precedentes para el papel del gobierno federal en la economía y el bienestar social, y su liderazgo durante la guerra contribuyó significativamente a la derrota de las

Potencias del Eje y al establecimiento del orden mundial posterior a la guerra.

Franklin D. Roosevelt fue una figura monumental en la historia del siglo XX. Su habilidad para enfrentar y superar desafíos tanto económicos como bélicos, junto con sus innovadoras políticas económicas y sociales, cambiaron el curso de la historia estadounidense y global. Su legado continúa influyendo en la política y la gobernanza, y su capacidad para liderar en tiempos de crisis sigue siendo un ejemplo de la importancia del liderazgo y la resiliencia.

## 5.  Adolf Hitler

Adolf Hitler nació en Braunau am Inn, una pequeña ciudad en la frontera entre Austria y Alemania, el 20 de abril de 1889. Era el cuarto de seis hijos de Alois Hitler, un funcionario aduanero, y Klara Hitler. Su infancia estuvo marcada por una serie de dificultades, incluyendo la muerte de varios de sus hermanos en la infancia y una relación conflictiva con su padre, quien era autoritario y estricto.

Hitler se trasladó a Linz para asistir a la escuela secundaria, pero abandonó sus estudios a los 16 años. Su sueño de convertirse en artista lo llevó a Viena en 1907, donde intentó ingresar en la Academia de Bellas Artes, pero fue rechazado en dos ocasiones. Durante su tiempo en Viena, Hitler vivió en la pobreza y desarrolló una creciente obsesión con las ideas nacionalistas y antisemitas que influirían en su futura ideología.

En 1913, Hitler se mudó a Múnich, Alemania, y se enlistó en el ejército bávaro al estallar la Primera Guerra Mundial. Combatió en la guerra y fue condecorado con la Cruz de Hierro por su valentía. La experiencia de la guerra tuvo un impacto profundo en él, reforzando su sentimiento de nacionalismo extremo y resentimiento hacia la derrota alemana.

Después del fin de la Primera Guerra Mundial, Hitler se quedó en Múnich y se unió al Partido Nacional Socialista de los Trabajadores Alemanes (NSDAP) en 1920. La Alemania de la posguerra estaba marcada por la inestabilidad política y económica, y el NSDAP ofreció una plataforma nacionalista y antisemita que atrajo a Hitler.

Hitler rápidamente ascendió dentro del NSDAP, y en 1921 se convirtió en su líder. En 1923, intentó un golpe de Estado fallido conocido como el "Putsch de la Cervecería", lo que llevó a su encarcelamiento. Durante su tiempo en prisión, escribió "Mein Kampf" ("Mi Lucha"), un libro que expuso su visión del nacionalismo alemán, el racismo antisemita y la necesidad de expansión territorial.

Tras su liberación, Hitler utilizó las estrategias políticas y de propaganda para ganar apoyo popular. Aprovechó la crisis económica de la Gran Depresión para atraer a una amplia base de apoyo, prometiendo restaurar la grandeza de Alemania y desafiar el Tratado de Versalles. Su retórica inflamatoria y su habilidad para movilizar a las masas lo llevaron a un crecimiento significativo en las elecciones.

En enero de 1933, Hitler fue nombrado Canciller de Alemania. Rápidamente consolidó su poder mediante una serie de movimientos políticos y leyes, como el Acta de Plenos Poderes, que le otorgó autoridad dictatorial. En 1934, después de la muerte del presidente Paul von Hindenburg, Hitler se autoproclamó Führer, combinando los roles de Canciller y Presidente.

Una vez en el poder, Hitler implementó una serie de políticas que transformaron Alemania en un estado totalitario basado en la ideología nazi. Esto incluyó:

Represión y terror: La Gestapo (policía secreta del estado) y las SS (Schutzstaffel) llevaron a cabo una campaña sistemática de represión contra opositores políticos, judíos y otros grupos considerados "indeseables". La Noche de los Cuchillos Largos en 1934 eliminó a muchos de sus rivales dentro del partido.

Antisemitismo y Holocausto: Hitler promovió una agenda antisemita que culminó en el Holocausto, el genocidio sistemático de seis millones de judíos y millones de otros grupos minoritarios. Los campos de concentración y exterminio fueron una parte integral de este plan.

Expansionismo y Guerra: Hitler implementó una política de expansión territorial, comenzando con la anexión de Austria en 1938 y la ocupación de Checoslovaquia. En 1939, la invasión de Polonia desencadenó la Segunda Guerra Mundial. Durante el conflicto, Alemania se expandió agresivamente en Europa, llevando a una guerra global que resultó en devastación a escala sin precedentes.

La Segunda Guerra Mundial resultó ser un conflicto catastrófico que finalmente llevó a la derrota de Alemania. A medida que las fuerzas aliadas avanzaban en territorio alemán, la situación de Hitler se volvía cada vez más desesperada. En abril de 1945, con Berlín en ruinas y las fuerzas soviéticas a las puertas de su búnker, Hitler se suicidó el 30 de abril de 1945.

La influencia de Hitler en la historia es profundamente negativa, marcada por el genocidio del Holocausto, la destrucción generalizada durante la Segunda Guerra Mundial y el legado de la ideología nazi. Su régimen llevó a la creación de un estado totalitario que, al basarse en principios de odio racial y nacionalismo extremo, causó una devastación global y dejó una huella indeleble en la historia moderna.

Adolf Hitler es una de las figuras más infames de la historia moderna, aunque adorado por grupos radicales y violentos. Su influencia en el siglo XX fue extremadamente destructiva. Su habilidad para manipular el descontento social y político y su visión radical llevaron a la instauración de un régimen totalitario que desató una guerra mundial y un genocidio sistemático. El impacto de sus acciones sigue siendo un recordatorio sombrío de los peligros del extremismo y la intolerancia. Su legado continúa siendo estudiado y analizado para comprender y prevenir la recurrencia de tales ideologías destructivas.

# 6.    Joseph Stalin

Joseph Stalin (1878-1953), nacido como Iósif Vissariónovich Dzhugashvili, fue uno de los líderes más influyentes y controvertidos del siglo XX. Su gobierno en la Unión Soviética, desde mediados de la década de 1920 hasta su muerte en 1953, estuvo marcado por profundas transformaciones políticas, sociales y económicas, así como por una brutal represión que dejó una huella indeleble en la historia de la humanidad.

Stalin nació en Gori, Georgia, entonces parte del Imperio Ruso, en una familia humilde. De joven, mostró inclinaciones revolucionarias y se unió al movimiento bolchevique, liderado por Vladimir Lenin. Fue un organizador eficaz, utilizando métodos clandestinos para promover la causa revolucionaria. Stalin también adquirió una reputación como un operador implacable, realizando robos bancarios y otros actos ilegales para financiar las actividades del partido.

Tras la Revolución de octubre de 1917, que llevó a los bolcheviques al poder, Stalin desempeñó varios roles clave en el nuevo gobierno soviético. Su habilidad política y su lealtad a Lenin le ganaron la confianza del líder bolchevique, quien lo nombró Comisario del Pueblo para las Nacionalidades, un puesto crucial en la gestión de las diversas etnias del vasto imperio soviético.

A la muerte de Lenin en 1924, Stalin, quien entonces era Secretario General del Partido Comunista, comenzó su ascenso definitivo al poder. Utilizando hábilmente su control sobre el aparato burocrático del partido, logró marginar a sus rivales más notables, como León Trotsky, Grigori Zinóviev y Lev Kámenev, consolidándose como el líder supremo de la Unión Soviética hacia finales de la década de 1920.

El gobierno de Stalin estuvo caracterizado por un control absoluto sobre el Estado, el partido y la sociedad. Uno de sus primeros y más significativos actos fue la implementación de los Plancs Quinquenales, una serie de programas económicos diseñados para industrializar rápidamente el país y aumentar la producción agrícola mediante la colectivización forzada de las tierras. La industrialización transformó a la Unión Soviética en una potencia global, pero la colectivización tuvo consecuencias devastadoras, especialmente en Ucrania, donde la política estalinista contribuyó a la catástrofe del Holodomor, una hambruna que causó millones de muertes entre 1932 y 1933.

A medida que Stalin consolidaba su control, también incrementaba la represión política. Durante la Gran Purga de 1936-1938, miles de oficiales del ejército, miembros del partido y ciudadanos comunes fueron arrestados, ejecutados o enviados a campos de trabajo en el Gulag bajo acusaciones de traición o actividades contrarrevolucionarias. La purga fue una táctica para eliminar a cualquier posible rival y afianzar su poder personal, creando un estado de terror que paralizó a la población.

Durante la Segunda Guerra Mundial, Stalin fue fundamental en la resistencia soviética frente a la invasión nazi en 1941, una operación que puso a la

URSS al borde de la derrota. Inicialmente, Stalin cometió graves errores al ignorar las advertencias de un inminente ataque alemán, pero rápidamente se reorganizó, asumiendo el control directo de la estrategia militar. Bajo su mando, el Ejército Rojo defendió Moscú, ganó la batalla crucial de Stalingrado en 1943 y finalmente avanzó hasta Berlín en 1945, contribuyendo significativamente a la derrota de la Alemania nazi.

A pesar de sus fallas iniciales, el liderazgo de Stalin durante la guerra fue crucial para el esfuerzo bélico soviético, y la URSS emergió de la guerra como una de las dos superpotencias mundiales. La victoria le permitió a Stalin consolidar aún más su control sobre Europa del Este, estableciendo regímenes comunistas en países como Polonia, Hungría, Rumanía y Alemania Oriental, lo que sería el preludio de la Guerra Fría.

Stalin murió el 5 de marzo de 1953, pero su legado sigue siendo objeto de intensos debates. En términos de impacto económico, transformó a la Unión Soviética en una potencia industrial y militar de primer orden. Bajo su mando, la URSS logró desarrollar armas nucleares y expandir su influencia global, siendo una de las piezas clave en el sistema bipolar que definió la geopolítica de la segunda mitad del siglo XX.

Sin embargo, el costo humano de su gobierno fue abrumador. Se estima que millones de personas murieron como resultado de la hambruna, la represión política, las purgas y las condiciones inhumanas en los campos del Gulag. Stalin creó un sistema totalitario donde la disidencia era aplastada, y el miedo impregnaba todos los niveles de la sociedad.

Tras su muerte, su sucesor, Nikita Khrushchev, condenó muchos de los excesos del estalinismo durante el famoso Discurso Secreto de 1956, marcando el inicio de una política de "desestalinización" que buscaba eliminar el culto a la personalidad que Stalin había fomentado en torno a su figura. Sin embargo, la influencia de Stalin en la cultura política soviética perduró, y su figura ha sido rehabilitada en ocasiones, especialmente en la Rusia postsoviética, donde algunos sectores lo veneran como un símbolo de poder y estabilidad.

Stalin dejó un legado profundamente ambivalente: por un lado, un líder visionario que logró industrializar y modernizar su país, y por otro, un tirano cuyas políticas llevaron a la muerte y sufrimiento de millones. El debate sobre su influencia y legado sigue siendo un tema central en la historiografía moderna y en las discusiones sobre la naturaleza del poder y la represión política.

## 7.   Mao Zedong

Mao Zedong (1893-1976), también conocido como Mao Tse-Tung, fue el líder revolucionario chino que fundó la República Popular China en 1949. Su gobierno marcó una era de transformaciones políticas, económicas y sociales radicales, pero también de una represión brutal y desastres humanitarios. Bajo su liderazgo, China se consolidó como una potencia global, aunque sus políticas internas, como el Gran

Salto Adelante y la Revolución Cultural, trajeron sufrimiento a millones de personas. El legado de Mao es profundamente ambivalente, pues se le considera tanto un visionario que cambió la faz de China, como un dictador cuyas decisiones llevaron a enormes tragedias.

Mao Zedong nació en una familia de campesinos relativamente acomodados en la provincia de Hunan, en el sur de China. Desde joven, fue un lector ávido y se interesó por el marxismo-leninismo tras la Revolución de Octubre en Rusia. En la década de 1920, Mao se unió al Partido Comunista Chino (PCCh) y rápidamente ascendió en sus filas, aunque sus ideas sobre la revolución divergían de la ortodoxia comunista de la época.

A diferencia de los líderes comunistas que veían al proletariado urbano como la base de una revolución socialista, Mao creyó que el campesinado chino, que constituía la gran mayoría de la población, era el verdadero motor revolucionario. Esta postura lo distinguió dentro del movimiento comunista internacional y moldeó su estrategia en los años venideros.

En la década de 1930, el Partido Comunista Chino libró una guerra civil contra el Kuomintang (KMT), el partido nacionalista gobernante liderado por Chiang Kai-shek. Durante este periodo, Mao emergió como el líder indiscutido del PCCh. El momento clave en su ascenso fue la Larga Marcha (1934-1935), una retirada masiva de las fuerzas comunistas que cruzaron más de 9,000 kilómetros para escapar del cerco del KMT. Aunque fue una retirada táctica, la Larga Marcha consolidó a Mao como el líder supremo del partido, y su figura se convirtió en un símbolo de resistencia.

Con el estallido de la Segunda Guerra Mundial y la invasión japonesa de China, el PCCh y el KMT formaron una alianza temporal para enfrentar al enemigo común. Sin embargo, la guerra civil entre los dos bandos se reanudó tras la derrota de Japón en 1945. Finalmente, en 1949, las fuerzas comunistas derrotaron al Kuomintang, y Mao proclamó el establecimiento de la República Popular China el 1 de octubre de ese año.

Al llegar al poder, Mao Zedong comenzó a consolidar su control sobre el nuevo Estado comunista. Implementó políticas que transformaron la estructura agraria del país, redistribuyendo las tierras de los terratenientes a los campesinos, y luego impulsó la colectivización de la agricultura, inspirada en el modelo soviético.

Uno de los momentos clave en su gobierno fue la implementación del Gran Salto Adelante (1958-1962), una campaña para acelerar la industrialización y la colectivización. Mao creía que China podía superar a las potencias occidentales en un corto periodo mediante la movilización masiva del pueblo. Sin embargo, el Gran Salto Adelante fue un desastre económico. La presión para cumplir con las cuotas de producción llevó a la falsificación de informes y a la desorganización de la producción agrícola. Como resultado, entre 15 y 45 millones de personas murieron de hambre durante una hambruna devastadora, lo que constituye una de las mayores tragedias humanas del siglo XX.

Tras el fracaso del Gran Salto Adelante, la influencia de Mao en el gobierno disminuyó, pero volvió a la escena con fuerza a mediados de los años 60 con el lanzamiento de la Revolución Cultural (1966-1976). Esta campaña fue un intento de Mao para purgar al Partido Comunista de elementos que consideraba "contrarrevolucionarios" y reafirmar su control absoluto. Millones de jóvenes fueron movilizados en los Guardias Rojos, quienes atacaron a funcionarios del partido, intelectuales y ciudadanos comunes, destruyendo símbolos de la cultura tradicional china y llevando a cabo una violenta purga política.

La Revolución Cultural sumió a China en el caos. La economía se paralizó, las instituciones educativas se cerraron y millones de personas fueron perseguidas, encarceladas o asesinadas. Aunque Mao consolidó su poder a través de esta campaña, el costo social y cultural fue incalculable.

En cuanto a la política exterior, Mao fue un hábil estratega. Aunque inicialmente alineó a China con la Unión Soviética, las tensiones ideológicas y geopolíticas entre ambos países crecieron, resultando en una ruptura total en la década de 1960, conocida como la ruptura sino-soviética. Mao comenzó a distanciarse del modelo soviético y promovió su propia versión del comunismo, basada en el campesinado y la lucha armada prolongada.

Uno de los momentos más significativos en la política exterior de Mao fue el acercamiento con Estados Unidos a principios de la década de 1970, que culminó en la histórica visita del presidente estadounidense Richard Nixon a China en 1972. Esta maniobra estratégica no solo permitió a China ganar legitimidad en la escena internacional, sino que también jugó un papel clave en la reconfiguración de las relaciones internacionales durante la Guerra Fría.

Mao Zedong murió el 9 de septiembre de 1976, dejando tras de sí un legado profundamente contradictorio. Por un lado, es venerado por haber transformado a China en un país unificado y soberano, liberado del imperialismo y la intervención extranjera. Bajo su liderazgo, China emergió como una potencia con influencia global, y el Partido Comunista Chino consolidó un control firme sobre la vida política del país.

Sin embargo, los costos de su gobierno fueron enormes. Las políticas de Mao, especialmente el Gran Salto Adelante y la Revolución Cultural, resultaron en la muerte de decenas de millones de personas y en la devastación de las estructuras sociales y culturales de China. La Revolución Cultural, en particular, dejó cicatrices profundas en la psique de la nación, y su impacto en la educación, la cultura y las relaciones humanas aún resuena en la China contemporánea.

Tras su muerte, su sucesor, Deng Xiaoping, impulsó una serie de reformas que abrieron la economía de China al mundo y marcaron un alejamiento de muchas de las políticas maoístas, aunque el Partido Comunista ha mantenido la figura de Mao como un ícono revolucionario. El legado de Mao sigue siendo objeto de debate dentro y fuera de China, donde algunos lo consideran el "padre fundador" de la China moderna, mientras que otros lo ven como un líder autoritario cuyas políticas trajeron devastación.

# 8.   Martin Luther King Jr.

Martin Luther King Jr. (1929-1968) fue uno de los líderes más influyentes del movimiento por los derechos civiles en Estados Unidos y un símbolo global de la resistencia pacífica contra la opresión racial. Su visión de una América donde las personas fueran juzgadas por el "contenido de su carácter" y no por el color de su piel lo convirtió en una figura inmortal de la lucha por la igualdad. A través de su liderazgo en protestas no violentas y su papel como orador, King inspiró a millones a luchar contra la segregación racial, la discriminación y la injusticia social. Su legado es inseparable de la historia de los derechos civiles y continúa moldeando las discusiones sobre justicia social y equidad racial hoy en día.

Martin Luther King Jr. nació el 15 de enero de 1929 en Atlanta, Georgia, en el seno de una familia afroamericana de clase media profundamente religiosa. Su padre, Martin Luther King Sr., fue un pastor bautista influyente, lo que marcó el camino de King en la iglesia y su enfoque moral de la justicia social. Desde joven, King mostró una inteligencia excepcional y una gran capacidad para el liderazgo, y se graduó con honores en Sociología en Morehouse College a los 19 años.

King luego asistió al Crozer Theological Seminary en Pensilvania, donde se interesó por las enseñanzas de Mahatma Gandhi sobre la no violencia como herramienta para la justicia social. También obtuvo un doctorado en teología sistemática en la Universidad de Boston en 1955. Durante sus estudios, King desarrolló una visión filosófica y teológica basada en el amor cristiano y la resistencia no violenta, que más tarde aplicaría en su lucha por los derechos civiles.

El papel de King como líder del movimiento por los derechos civiles comenzó en 1955 con el boicot a los autobuses de Montgomery, un evento que cambió la trayectoria de la lucha por la igualdad racial en Estados Unidos. La protesta fue desencadenada por el arresto de Rosa Parks, una costurera afroamericana que se negó a ceder su asiento en un autobús a un hombre blanco, como lo exigían las leyes de segregación en el sur.

King, entonces pastor de la Iglesia Bautista de Dexter Avenue en Montgomery, Alabama, fue elegido presidente de la recién formada Asociación para el Mejoramiento de Montgomery, que organizó el boicot. Bajo su liderazgo, los afroamericanos de Montgomery se negaron a utilizar los autobuses durante más de un año, lo que debilitó económicamente al sistema de transporte público segregado.

El boicot terminó con un fallo de la Corte Suprema de Estados Unidos que declaró inconstitucional la segregación en los autobuses públicos, un triunfo significativo para el movimiento. Este éxito consolidó a King como el principal líder de los derechos civiles y lo convenció de que la desobediencia civil no violenta era una herramienta poderosa para combatir la injusticia racial.

A lo largo de la década de 1960, Martin Luther King Jr. lideró numerosas protestas y manifestaciones que sacudieron los cimientos de la segregación racial en Estados Unidos. En 1957, fue cofundador de la

Conferencia Sur de Liderazgo Cristiano (SCLC), una organización que buscaba coordinar el activismo por los derechos civiles a través de la no violencia y la movilización de iglesias afroamericanas. Bajo la dirección de King, la SCLC desempeñó un papel crucial en algunas de las protestas más importantes de la época.

King entendió que la no violencia no significaba pasividad, sino una resistencia activa y poderosa. Inspirado por las enseñanzas de Gandhi y su propia fe cristiana, King promovió la desobediencia civil pacífica, desafiando las leyes injustas y exponiendo la brutalidad del racismo. Sus tácticas incluían sentadas, marchas y boicots, a menudo enfrentándose a una represión brutal por parte de las autoridades locales y la resistencia de gran parte de la sociedad blanca.

Uno de los ejemplos más significativos de esta estrategia fue la Campaña de Birmingham en 1963. King y otros líderes del SCLC organizaron manifestaciones para desegregar las instalaciones públicas en Birmingham, Alabama, una de las ciudades más segregadas del país. La respuesta violenta del comisionado de seguridad pública, Bull Connor, que utilizó perros policiales y cañones de agua contra los manifestantes, incluidos niños, fue capturada por los medios de comunicación y transmitida a nivel nacional, lo que generó una ola de indignación y apoyo para el movimiento por los derechos civiles.

Uno de los momentos culminantes en la carrera de King fue la Marcha sobre Washington por el trabajo y la libertad, celebrada el 28 de agosto de 1963. Más de

250,000 personas se reunieron en el National Mall de Washington, D.C., para exigir la eliminación de las leyes segregacionistas y la creación de igualdad de oportunidades económicas para los afroamericanos.

En este evento, King pronunció su famoso discurso "I Have a Dream" ("Tengo un sueño"), en el que expresó su visión de una América donde todas las personas fueran tratadas con igualdad y dignidad. En su discurso, King habló de un futuro donde "mis cuatro hijos pequeños vivan en una nación donde no serán juzgados por el color de su piel, sino por el contenido de su carácter". Este discurso se convirtió en un himno de la lucha por los derechos civiles y sigue siendo uno de los más emblemáticos de la historia estadounidense.

La marcha y el impacto del discurso de King desempeñaron un papel clave en la aprobación de la Ley de Derechos Civiles de 1964, que prohibió la segregación en lugares públicos y la discriminación en el empleo. Este fue un logro histórico para el movimiento, y King fue galardonado con el Premio Nobel de la Paz en 1964 en reconocimiento a su liderazgo no violento.

A pesar de los avances logrados con la Ley de Derechos Civiles, el derecho al voto seguía siendo un desafío para los afroamericanos, especialmente en el sur de Estados Unidos, donde los estados imponían trabas como las pruebas de alfabetización y los impuestos electorales para evitar que los negros votaran. King dirigió su atención a esta injusticia, organizando en 1965 las marchas de Selma a Montgomery para exigir el derecho al voto.

Durante una de las primeras marchas, conocida como Domingo Sangriento, la policía atacó violentamente a los manifestantes desarmados mientras cruzaban el puente Edmund Pettus en Selma, Alabama. Las imágenes de la brutalidad policial conmocionaron al país y presionaron al gobierno federal para actuar. Poco después, el presidente Lyndon B. Johnson promulgó la Ley de Derecho al Voto de 1965, que prohibía las prácticas discriminatorias que impedían a los afroamericanos votar, marcando otra victoria histórica para el movimiento liderado por King.

En los últimos años de su vida, King comenzó a ampliar su activismo para abordar problemas de pobreza, desigualdad económica y la guerra de Vietnam. En 1967, pronunció un discurso titulado "Más allá de Vietnam", donde criticaba abiertamente la guerra y la intervención militar de Estados Unidos, lo que le valió la crítica de muchos, incluidos aliados dentro del movimiento por los derechos civiles.

A pesar de las crecientes tensiones y el descontento entre ciertos sectores de la sociedad, King continuó liderando el movimiento hasta su asesinato el 4 de abril de 1968 en Memphis, Tennessee, donde estaba apoyando una huelga de trabajadores de saneamiento. Fue asesinado por un francotirador, James Earl Ray, a la edad de 39 años, lo que conmocionó a la nación y al mundo entero.

El legado de Martin Luther King Jr. es monumental. Su compromiso con la no violencia y la justicia social transformó no solo a Estados Unidos, sino también al movimiento global por los derechos humanos. A través de su liderazgo, se aprobaron leyes históricas como la

Ley de Derechos Civiles de 1964 y la Ley de Derecho al Voto de 1965, que derribaron las barreras institucionalizadas del racismo y la segregación.

King no solo desafió el sistema racista de su época, sino que también mostró el poder del activismo moral y la resistencia pacífica. Su mensaje de igualdad, amor y justicia sigue siendo una fuente de inspiración para las luchas contra la discriminación y la opresión en todo el mundo. Cada año, el tercer lunes de enero, Estados Unidos celebra el Día de Martin Luther King Jr., un feriado en honor a su vida y su legado.

Su influencia trasciende fronteras, y sus enseñanzas sobre la no violencia, la justicia y la igualdad continúan moldeando las luchas contemporáneas por los derechos humanos y la justicia social.

## 9.   John F. Kennedy

John Fitzgerald Kennedy (1917-1963), comúnmente conocido como JFK, fue el 35° presidente de Estados Unidos, en el cargo desde 1961 hasta su asesinato en 1963. Su breve mandato estuvo marcado por momentos cruciales en la historia mundial, como la crisis de los misiles en Cuba, el inicio de la carrera espacial y el movimiento por los derechos civiles en Estados Unidos. Aunque su presidencia fue interrumpida de manera trágica, su carisma, visión progresista y capacidad para liderar en tiempos de tensión lo convirtieron en un ícono político. A lo largo de los años, la figura de Kennedy ha sido recordada como una representación del idealismo de la posguerra y su legado sigue influyendo en la política estadounidense y global.

John F. Kennedy nació el 29 de mayo de 1917 en Brookline, Massachusetts, en una familia adinerada y políticamente activa. Era el segundo hijo de Joseph P. Kennedy, un empresario influyente y diplomático, y de Rose Fitzgerald, cuyo padre había sido alcalde de Boston. Los Kennedy eran una familia prominente en la política y el mundo de los negocios, lo que permitió a John y sus hermanos crecer en un ambiente de poder y expectativas de éxito público.

Kennedy asistió a la Universidad de Harvard, donde se destacó como estudiante y desarrolló su interés en la política internacional. En 1940, escribió su tesis de graduación sobre la política británica hacia el nazismo, que más tarde fue publicada como el libro "Why England Slept". Este trabajo fue una señal temprana de su habilidad para el análisis geopolítico.

Durante la Segunda Guerra Mundial, Kennedy sirvió como oficial de la Marina de los Estados Unidos en el Pacífico, donde comandó una patrullera torpedera (PT-109). Su valentía durante una misión en la que su barco fue hundido y su liderazgo para salvar a su tripulación le valieron reconocimiento y medallas, lo que alimentó la leyenda heroica que rodearía su carrera política.

Después de la guerra, Kennedy comenzó su carrera política con el apoyo de su influyente familia. En 1946, fue elegido miembro de la Cámara de Representantes por el estado de Massachusetts. Durante su tiempo en el Congreso, desarrolló una reputación como un político pragmático y progresista. En 1952, fue elegido senador de Estados Unidos, derrotando al titular republicano Henry Cabot Lodge Jr., en una reñida campaña.

Durante su tiempo en el Senado, Kennedy defendió posiciones que equilibraban un enfoque progresista en temas sociales con una firme postura en política exterior, especialmente en relación con la Guerra Fría. También luchó con problemas de salud, sufriendo de enfermedades crónicas, incluyendo la enfermedad de Addison, que ocultó al público. A pesar de sus desafíos de salud, Kennedy se perfilaba como una de las figuras más prometedoras de la política estadounidense.

En 1960, Kennedy decidió postularse para la presidencia, y en una campaña ferozmente disputada, se enfrentó al vicepresidente Richard Nixon. La elección de 1960 fue histórica en muchos aspectos, incluida la primera serie de debates presidenciales televisados, donde la imagen carismática y juvenil de Kennedy contrastó con la seriedad de Nixon. Kennedy ganó las elecciones con un margen estrecho, convirtiéndose en el presidente más joven en ser elegido y el primer católico en ocupar el cargo.

John F. Kennedy asumió la presidencia en uno de los momentos más tensos de la historia global, en plena Guerra Fría, cuando Estados Unidos y la Unión Soviética competían por el dominio militar, político y tecnológico. Su administración se caracterizó por una combinación de audacia, carisma y un enfoque pragmático para enfrentar estos desafíos.

Una de sus primeras pruebas de fuego fue la invasión de Bahía de Cochinos en 1961, un fallido intento de derrocar al gobierno de Fidel Castro en Cuba por parte de exiliados cubanos respaldados por la CIA. El fracaso de la invasión fue un duro golpe para la credibilidad de Kennedy, pero aprendió de la experiencia, y esto lo preparó para su manejo de la crisis de los misiles en Cuba en 1962, uno de los momentos más críticos de su presidencia.

La crisis de los misiles fue desencadenada cuando se descubrió que la Unión Soviética estaba instalando misiles nucleares en Cuba, a solo 145 kilómetros de las costas estadounidenses. Durante 13 días de octubre de 1962, el mundo estuvo al borde de una guerra nuclear. Sin embargo, Kennedy, a través de una combinación de firmeza y diplomacia, negoció con el líder soviético Nikita Jrushchov para que retirara los misiles a cambio de una promesa pública de que Estados Unidos no invadiría Cuba y un acuerdo secreto para retirar los misiles estadounidenses en Turquía. Su manejo de esta crisis fue ampliamente elogiado y consolidó su reputación como un líder firme y capaz de manejar situaciones de extrema presión.

En el ámbito doméstico, Kennedy impulsó una serie de reformas bajo lo que llamó el programa de "Nueva Frontera". Aunque su agenda enfrentó obstáculos en el Congreso, donde muchos de sus proyectos fueron bloqueados, promovió iniciativas en educación, salud y bienestar social. También defendió una mayor inversión en ciencia y tecnología, marcando el inicio de la carrera espacial. En un discurso histórico en 1962, Kennedy anunció el ambicioso objetivo de llevar a un hombre a la Luna antes de que finalizara la década.

Este compromiso impulsó el programa espacial de la NASA, que culminaría con el exitoso alunizaje del Apolo 11 en 1969.

Uno de los aspectos más importantes del legado de Kennedy fue su creciente apoyo al movimiento por los derechos civiles. Si bien fue cauteloso al principio de su mandato para no alienar a los demócratas del sur, que apoyaban la segregación racial, los crecientes disturbios y la violencia racial en todo el país lo empujaron a tomar una postura más decidida.

En 1963, tras incidentes violentos en Birmingham, Alabama, donde las fuerzas de seguridad atacaron brutalmente a manifestantes pacíficos, Kennedy se pronunció con firmeza en favor de la igualdad racial. En un discurso televisado, expresó su apoyo a la causa de los derechos civiles, afirmando que "esta nación, para todos sus habitantes, no será completamente libre hasta que todos sus ciudadanos sean libres". Kennedy presentó al Congreso un proyecto de ley para poner fin a la segregación en lugares públicos y garantizar el derecho al voto para los afroamericanos.

Aunque la ley de derechos civiles no fue aprobada durante su mandato, su apoyo abrió el camino para la Ley de Derechos Civiles de 1964, que fue promulgada después de su asesinato bajo el mandato de su sucesor, Lyndon B. Johnson. Su relación con líderes del movimiento, como Martin Luther King Jr., también fue clave para legitimar el enfoque federal en la lucha por la igualdad racial.

El 22 de noviembre de 1963, durante una visita a Dallas, Texas, John F. Kennedy fue asesinado mientras viajaba en un automóvil descapotable. Lee Harvey Oswald fue arrestado como el principal sospechoso del crimen, pero su asesinato dos días después dejó muchas preguntas sin respuesta y alimentó teorías de conspiración que persisten hasta hoy.

El asesinato de Kennedy fue un golpe devastador para Estados Unidos y el mundo, y su muerte marcó el fin abrupto de una era de esperanza y cambio. Su funeral fue un evento televisado a nivel mundial que simbolizó el luto colectivo por la pérdida de un líder carismático que había inspirado a millones con su visión de un mundo mejor.

Kennedy también dejó un legado duradero a través de su visión inspiradora del servicio público. Su llamado a los ciudadanos a "preguntar, no, qué puede hacer su país por ellos, sino qué pueden hacer ellos por su país" continúa resonando en generaciones posteriores. Además, su compromiso con la diplomacia y la paz global sigue siendo un punto de referencia para los líderes mundiales.

Su presidencia, aunque breve, fue vista como una promesa de lo que Estados Unidos podría ser: un país más justo, tecnológicamente avanzado y en paz. La Fundación John F. Kennedy y la Biblioteca Presidencial JFK continúan preservando su legado, y su nombre sigue siendo sinónimo de esperanza, liderazgo visionario y servicio público.

# 10.  Pablo Picasso

Pablo Picasso (1881-1973) fue un pintor, escultor y creador revolucionario que transformó el mundo del arte en el siglo XX. Como uno de los fundadores del cubismo y una figura clave en la evolución del arte moderno, su influencia fue inmensa, no solo por su capacidad para romper con las convenciones, sino también por la profunda diversidad de su obra, que abarcó estilos y técnicas múltiples. A lo largo de su vida, Picasso produjo más de 50,000 obras, que abarcan desde la pintura y la escultura hasta la cerámica y el grabado. Sus contribuciones al arte siguen siendo fundamentales para la historia de la creatividad, y su legado ha dejado una marca indeleble en generaciones de artistas.

Pablo Picasso nació como Pablo Diego José Francisco de Paula Juan Nepomuceno Crispín Crispiniano María Remedios de la Santísima Trinidad Ruiz Picasso nació el 25 de octubre de 1881 en Málaga, España, en una familia de clase media. Su padre, José Ruiz Blasco, era profesor de arte y pintor, lo que permitió a Picasso estar inmerso en el mundo artístico desde una edad muy temprana. Desde niño, demostró un talento precoz para el dibujo y la pintura, superando incluso a su padre en habilidad a una edad temprana.

Picasso estudió en academias de arte en Barcelona y Madrid, aunque no fue un estudiante tradicional. Siempre mostró una rebeldía hacia las normas académicas y las convenciones artísticas de la época. Durante su adolescencia, Picasso pasó un tiempo en París, que en ese entonces era el epicentro del arte europeo. Este traslado fue decisivo para su carrera, ya que lo conectó con los movimientos de vanguardia y lo expuso a una amplia gama de influencias, como el impresionismo, el simbolismo y el arte africano.

A principios del siglo XX, Picasso vivió lo que se conoce como su "etapa azul" (1901-1904), un periodo en el que su obra estuvo dominada por tonos fríos y temas melancólicos. Esta fase fue influenciada por la muerte de su amigo cercano, Carlos Casagemas, lo que lo sumió en una profunda tristeza. Las obras de esta etapa, como "El guitarrista viejo" y "La vida", representan a figuras marginalizadas, pobres y solitarias, lo que refleja su visión pesimista del mundo en ese momento.

Hacia 1905, la obra de Picasso tomó un giro más optimista y luminoso, entrando en su "etapa rosa". En este período, comenzó a utilizar colores más cálidos y sus temas se volvieron más alegres, representando a artistas de circo, arlequines y personajes bohemios. Obras como "Familia de saltimbanquis" son emblemáticas de este momento. Esta fase marcó una transición importante hacia su exploración de nuevas formas y técnicas artísticas.

A partir de 1907, Picasso emprendió lo que sería uno de los logros más revolucionarios en la historia del arte: el cubismo. Junto con Georges Braque, Picasso desarrolló un nuevo enfoque artístico que rompió con la tradición de la perspectiva lineal, introduciendo una representación fragmentada de la realidad a través de formas geométricas. El cubismo trataba de mostrar los múltiples puntos de vista de un objeto o una figura en un solo plano, lo que llevó a una representación más abstracta y conceptual del mundo.

Una de las obras más emblemáticas de esta fase es "Las señoritas de Avignon" (1907), una pintura que muestra cinco figuras femeninas con cuerpos distorsionados y rostros influenciados por las máscaras africanas. Esta obra es considerada el inicio del cubismo y provocó una gran controversia en su tiempo debido a su rechazo radical de la forma humana convencional.

El cubismo evolucionó en dos fases: el cubismo analítico (caracterizado por la fragmentación de la figura y la paleta de colores monocromática) y el cubismo sintético (donde Picasso y Braque comenzaron a reintroducir colores más brillantes y a utilizar el collage como técnica). El cubismo no solo influyó en la pintura, sino también en la escultura y otras formas de arte, y transformó el curso del arte moderno.

La vida y obra de Picasso estuvieron profundamente afectadas por los eventos políticos de su tiempo, particularmente por la Guerra Civil Española (1936-1939). Aunque vivía en París, Picasso siguió de cerca el conflicto en su país natal y se opuso abiertamente al régimen fascista de Francisco Franco.

Su obra más icónica en relación con este conflicto es "Guernica" (1937), un monumental mural encargado por el gobierno republicano español para la Exposición Internacional de París. "Guernica" representa el bombardeo de la ciudad vasca del mismo nombre por aviones nazis y fascistas, un ataque que causó la muerte de cientos de civiles. Esta obra, en tonos de blanco, negro y gris, es una poderosa denuncia de los horrores de la guerra, y se ha convertido en un símbolo universal de la lucha contra la opresión y la violencia. Con su composición caótica, figuras retorcidas y animales en agonía, "Guernica" sigue siendo una de las obras más influyentes y comentadas del siglo XX.

El poder de Picasso no solo residía en su capacidad para crear nuevas formas artísticas, sino también en su capacidad para influir en otros artistas y movimientos. Su habilidad para reinventarse constantemente, explorando diferentes estilos y técnicas, desde el cubismo hasta el surrealismo, lo mantuvo a la vanguardia del arte durante más de seis décadas. Picasso fue un pionero en la integración de medios mixtos en su obra, utilizando técnicas como el collage, el ensamblaje y el grabado, lo que lo convirtió en un precursor del arte contemporáneo.

Además de su innovadora obra artística, Picasso fue una figura central en la comunidad artística europea y mundial. Su estudio en el Bateau-Lavoir de París fue un punto de encuentro para muchos de los artistas e intelectuales más influyentes de su tiempo, como Henri Matisse, Guillaume Apollinaire y Amedeo Modigliani. Picasso ejercía una influencia considerable sobre sus contemporáneos y generaciones posteriores, que veían en él a un líder y un referente en la continua exploración de nuevas formas de expresión.

A lo largo de su carrera, Picasso se mostró versátil no solo en la pintura, sino también en la escultura, la cerámica, la poesía e incluso en la creación de trajes y decorados para el ballet. Su capacidad para dominar múltiples disciplinas lo consolidó como uno de los artistas más completos e influyentes de la historia.

La vida personal de Picasso fue tan compleja y multifacética como su obra. Estuvo involucrado en relaciones sentimentales con varias mujeres a lo largo de su vida, muchas de las cuales fueron importantes musas e inspiradoras de su arte. Entre ellas, destacan Fernande Olivier, Olga Khokhlova, Dora Maar, Françoise Gilot y Jacqueline Roque. Cada una de estas mujeres marcó diferentes fases en su vida artística, y sus retratos están presentes en muchas de sus obras.

Si bien Picasso fue admirado por su genio artístico, su vida privada estuvo marcada por la controversia. Fue conocido por sus relaciones conflictivas y a veces abusivas con las mujeres de su vida, lo que ha generado debates en torno a su figura en tiempos contemporáneos.

Pablo Picasso murió el 8 de abril de 1973 a la edad de 91 años, dejando un legado inigualable en el mundo del arte. Su capacidad para desafiar las normas, reinventarse continuamente y empujar los límites de la creatividad lo convirtieron en un gigante en la historia del arte. A través del cubismo, el surrealismo y muchas otras exploraciones estilísticas, Picasso no solo influyó en sus contemporáneos, sino que abrió nuevos caminos para el arte moderno y contemporáneo.

Las obras de Picasso se encuentran en los museos más importantes del mundo, y su impacto sigue vivo en el arte actual. La figura de Picasso es vista como el arquetipo del artista moderno, un creador que, con su energía inagotable y su insaciable deseo de innovación, transformó para siempre la manera en que entendemos el arte.

# 11. Steve Jobs

Steve Jobs (1955-2011) fue un empresario, inventor y pionero en el mundo de la tecnología, reconocido principalmente por ser cofundador de Apple Inc. y por liderar la creación de productos icónicos como el iPhone, el iPad y la Macintosh. Jobs transformó no solo la industria tecnológica, sino también la forma en que las personas interactúan con la tecnología, el entretenimiento y la comunicación. Con una mezcla de creatividad, innovación y un sentido profundo de diseño, Jobs dejó un legado que sigue influyendo en múltiples industrias. Su capacidad para liderar equipos hacia la creación de productos que cambiarían el mundo lo convirtió en una de las figuras más importantes del siglo XXI.

Steve Paul Jobs nació el 24 de febrero de 1955 en San Francisco, California, y fue adoptado por Paul y Clara Jobs. Desde joven, Jobs mostró una gran curiosidad por la tecnología y la electrónica, influenciado por su padre, quien le enseñó a trabajar con herramientas y a reparar objetos electrónicos en el garaje de su casa. Aunque era un estudiante brillante, Jobs tenía una personalidad rebelde, lo que lo llevó a ser un estudiante problemático en su juventud.

En 1972, Jobs se matriculó en el Reed College en Oregón, pero abandonó los estudios formales después de solo un semestre. A pesar de dejar la universidad, continuó asistiendo a clases de manera informal, interesándose particularmente por cursos de caligrafía, algo que luego influyó en el diseño de tipografías en las primeras computadoras Macintosh.

Tras abandonar Reed College, Jobs viajó a la India en busca de inspiración espiritual, donde experimentó con el budismo y el misticismo oriental. Estas experiencias influirían profundamente en su enfoque minimalista y en su pensamiento sobre el diseño y la simplicidad en los productos tecnológicos que más tarde desarrollaría.

En 1976, junto con su amigo Steve Wozniak y el empresario Ronald Wayne, Jobs cofundó Apple Computer en el garaje de su casa en Los Altos, California. La visión de Jobs era clara: quería hacer que las computadoras fueran accesibles y fáciles de usar para el público general, no solo para los expertos en tecnología. Hasta ese momento, las computadoras eran voluminosas, complicadas y estaban fuera del alcance del usuario promedio.

El primer producto de Apple, la Apple I, fue una computadora diseñada por Wozniak y vendida como un kit. Sin embargo, fue con la Apple II (1977) cuando la compañía realmente comenzó a ganar tracción. La Apple II fue una de las primeras computadoras personales exitosas en términos comerciales, convirtiendo a Apple en una empresa en crecimiento.

En 1984, Apple lanzó la Macintosh, una computadora personal revolucionaria que presentaba una interfaz gráfica de usuario y un ratón, algo que en ese momento era innovador. El famoso anuncio del Super Bowl dirigido por Ridley Scott, que comparaba el lanzamiento de la Macintosh con la novela "1984" de George Orwell, marcó un hito en la historia del marketing. Aunque el éxito inicial de la Macintosh fue modesto, esta máquina sentó las bases de lo que sería el enfoque de Apple: una integración perfecta entre hardware y software, con un diseño centrado en el usuario.

A pesar del éxito de la Macintosh, Jobs era conocido por su estilo de liderazgo intenso y su temperamento volátil. En 1985, tras una lucha de poder interna, fue expulsado de Apple, una empresa que él mismo había cofundado. Este despido fue un golpe devastador para Jobs, pero en retrospectiva, él mismo lo describiría como una de las mejores cosas que le ocurrieron.

Tras su salida de Apple, Jobs fundó NeXT, una empresa de computación orientada a la educación y los negocios de alta gama. Aunque los productos de NeXT no tuvieron un gran éxito comercial, la compañía produjo avances tecnológicos significativos que más tarde influirían en el desarrollo de Apple. De hecho, el sistema operativo de NeXT serviría como base para macOS cuando Jobs regresó a Apple años después.

Paralelamente, Jobs adquirió en 1986 The Graphics Group, una pequeña división de gráficos por computadora de Lucasfilm que más tarde se convertiría en Pixar Animation Studios. Bajo la dirección de Jobs, Pixar produjo el primer largometraje animado completamente por computadora, "Toy Story" (1995), que fue un éxito crítico y comercial masivo. Pixar no solo revolucionó la animación digital, sino que también redefinió el cine de animación en general. Eventualmente, Jobs vendió Pixar a Disney en 2006, lo que lo convirtió en el mayor accionista individual de Disney.

En 1997, Apple, que estaba luchando financieramente, compró NeXT por 429 millones de dólares, lo que permitió el regreso de Jobs a la compañía que había cofundado. Al volver a Apple, Jobs asumió el papel de CEO interino, lo que se conoció como "iCEO". En poco tiempo, Jobs reorganizó la estructura de Apple, eliminando productos no rentables y concentrándose en una visión clara: hacer productos tecnológicos simples, elegantes y poderosos.

En 1998, Apple lanzó la iMac, un ordenador personal todo en uno con un diseño colorido y futurista. El iMac fue un éxito rotundo y marcó el renacimiento de Apple como líder de la industria tecnológica. Bajo el liderazgo de Jobs, Apple no solo volvió a ser rentable, sino que también se convirtió en una de las empresas más innovadoras y admiradas del mundo.

En los años siguientes, Jobs y su equipo revolucionarían una vez más la industria con una serie de productos innovadores que redefinieron la tecnología de consumo:

En 2001, el lanzamiento del iPod cambió la forma en que las personas escuchaban música. El iPod, junto con la tienda de música iTunes, revolucionó la industria musical al hacer que las descargas digitales de canciones fueran accesibles y fáciles de usar.

En 2007, Jobs presentó el iPhone, un dispositivo que no solo combinaba un teléfono móvil con un reproductor de música y una cámara, sino que también introdujo la idea de aplicaciones móviles. El iPhone no solo transformó la industria de la telefonía móvil, sino que también marcó el comienzo de la era de los teléfonos inteligentes, que cambiaría radicalmente la forma en que las personas se comunican, trabajan y consumen medios.

En 2010, Jobs introdujo el iPad, una tableta que popularizó el concepto de dispositivos móviles más grandes que los teléfonos, pero más portátiles que las computadoras portátiles. El iPad se convirtió rápidamente en un producto de éxito en sectores como la educación, los negocios y el entretenimiento.

Bajo su liderazgo, Apple pasó de estar al borde de la quiebra a convertirse en la empresa más valiosa del mundo, con una capitalización de mercado que superó el billón de dólares después de su muerte.

El éxito de Jobs se debió en gran medida a su estilo de liderazgo único. Era conocido por ser extremadamente exigente, con altos estándares tanto para sí mismo como para los demás. No temía rechazar ideas que no cumplían con su visión y exigía perfección en el diseño y la funcionalidad de los productos. Aunque a menudo era descrito como una persona difícil, también era capaz de inspirar a quienes lo rodeaban a alcanzar niveles excepcionales de creatividad e innovación.

Uno de los rasgos más distintivos de Jobs fue su obsesión por el diseño. No se trataba solo de hacer productos funcionales, sino de crear dispositivos que fueran bellos y agradables de usar. Jobs creía firmemente que el diseño no era solo cómo se veía algo, sino cómo funcionaba. Esta filosofía se refleja en todos los productos de Apple, que se destacan tanto por su simplicidad como por su atención meticulosa a los detalles.

Steve Jobs falleció el 5 de octubre de 2011, a la edad de 56 años, después de una larga batalla contra un cáncer de páncreas. Su muerte fue recibida con una oleada de tributos de todo el mundo, desde líderes empresariales hasta figuras del entretenimiento y la política. Su impacto en la tecnología, el diseño y la cultura fue inmenso, y su legado sigue vivo a través de Apple y las muchas innovaciones que ayudó a crear.

Su enfoque visionario y su capacidad para ver más allá de las limitaciones tecnológicas de su tiempo continúan inspirando a emprendedores e innovadores en todo el mundo. Apple, la compañía que fundó y lideró, sigue siendo una de las empresas más influyentes del mundo y continúa produciendo innovaciones que definen nuestra era.


## 12. Bill Gates

Bill Gates (1955), cofundador de Microsoft, es uno de los empresarios más influyentes de la era moderna. Su visión sobre el software y su papel en la revolución de la informática personal cambiaron para siempre la forma en que el mundo usa las computadoras. Como ingeniero, empresario y filántropo, Gates ha dejado una marca indeleble en múltiples esferas, desde la tecnología hasta la salud y el desarrollo global. Su legado se extiende no solo a través de Microsoft, sino también mediante su fundación, la Bill & Melinda Gates Foundation, que ha tenido un impacto significativo en la reducción de la pobreza, la mejora

de la salud pública y la lucha contra enfermedades 
globales.

William Henry Gates III nació el 28 de octubre de 1955 
en Seattle, Washington, en una familia de clase alta. 
Su padre, William H. Gates Sr., fue un destacado 
abogado, y su madre, Mary Maxwell Gates, fue 
ejecutiva en organizaciones sin ánimo de lucro y 
miembro del consejo de la Universidad de Washington. 
Desde joven, Gates mostró un notable interés por la 
tecnología y las matemáticas. A la edad de 13 años, en 
la exclusiva escuela Lakeside, tuvo su primer contacto 
con una computadora, y junto con su amigo Paul 
Allen, comenzó a programar.

Gates demostró ser un prodigio en el manejo de 
software. En 1973 ingresó a la Universidad de Harvard, 
donde estudió matemáticas y ciencias de la 
computación. Sin embargo, Gates abandonó Harvard 
en 1975 para dedicarse por completo a su proyecto con 
Allen: crear software para las primeras computadoras 
personales, un movimiento que definiría el futuro de la 
informática y cambiaría su vida para siempre.

En 1975, Gates y Paul Allen fundaron Microsoft 
(inicialmente "Micro-Soft") con el objetivo de 
desarrollar software para computadoras personales. 
Su primera gran oportunidad llegó cuando firmaron un 
contrato con MITS, una empresa que fabricaba un 
microordenador llamado Altair 8800, para 
proporcionar un lenguaje de programación llamado 
Altair BASIC. Este fue el primer éxito comercial de 
Microsoft y marcó el inicio del camino hacia el dominio 
del mercado de software.

En 1980, Microsoft logró un contrato crucial con IBM, el gigante de la informática en ese momento, para proporcionar el sistema operativo para sus nuevas computadoras personales. Microsoft adquirió un sistema operativo llamado QDOS, lo adaptó y lo renombró como MS-DOS. Este acuerdo fue uno de los movimientos estratégicos más importantes en la historia de la tecnología. Aunque IBM inicialmente dominaba el hardware, Microsoft mantuvo los derechos sobre el software, permitiendo que MS-DOS se convirtiera en el estándar para la industria de las computadoras personales.

El verdadero cambio llegó en 1985, cuando Microsoft lanzó la primera versión de Windows, un sistema operativo con una interfaz gráfica de usuario. Aunque la primera versión de Windows fue modesta en cuanto a popularidad, con el tiempo, Microsoft dominó el mercado de sistemas operativos. En 1990, el lanzamiento de Windows 3.0 fue un éxito arrollador y consolidó a Microsoft como el líder en el software para computadoras personales.

Bajo el liderazgo de Gates, Microsoft se expandió rápidamente, introduciendo una serie de productos que se convirtieron en estándar en el mundo de los negocios y los hogares, como Microsoft Office, que integraba programas como Word, Excel y PowerPoint. La combinación de Windows y Office transformó las computadoras en herramientas esenciales para la productividad en todo el mundo, tanto en empresas como en hogares.

Gates se destacó no solo por su habilidad para identificar oportunidades de mercado, sino también por su capacidad para tomar decisiones estratégicas y controlar cada aspecto de la empresa. Su visión de que "una computadora en cada escritorio y en cada hogar" fue revolucionaria en un momento en que las computadoras eran vistas como herramientas especializadas. Gates también fue conocido por su enfoque agresivo y competitivo en los negocios, lo que llevó a Microsoft a ser una fuerza dominante en la industria tecnológica.

En la década de 1990, Microsoft se convirtió en la empresa de software más grande del mundo, y Bill Gates, con una participación importante en la compañía, se convirtió en el hombre más rico del planeta, título que mantuvo durante muchos años. A medida que la empresa crecía, también enfrentaba críticas y desafíos legales. En 1998, el gobierno de los Estados Unidos demandó a Microsoft por prácticas anticompetitivas, argumentando que la compañía había utilizado su posición dominante en el mercado de sistemas operativos para sofocar la competencia. A pesar de las batallas legales, que culminaron en un acuerdo en 2001, el dominio de Microsoft en el mercado de software no fue amenazado significativamente.

En el año 2000, Gates sorprendió al mundo al renunciar como CEO de Microsoft, delegando el liderazgo a Steve Ballmer, aunque continuó involucrado como presidente y jefe de arquitectura de software. Este movimiento marcó una transición en la vida de Gates, que comenzó a centrar cada vez más sus esfuerzos en la filantropía a través de la Bill & Melinda Gates Foundation, una organización que él y su esposa Melinda fundaron en el año 2000.

La Fundación Gates se convirtió rápidamente en una de las mayores y más influyentes organizaciones filantrópicas del mundo, centrada en mejorar la salud, reducir la pobreza y aumentar el acceso a la educación y la tecnología. Entre sus iniciativas más destacadas se incluyen la lucha contra enfermedades como el VIH/SIDA, la tuberculosis, la malaria y la poliomielitis, y la mejora de las condiciones sanitarias y de acceso al agua en las regiones más empobrecidas del mundo.

Una de las contribuciones más notables de Gates en el ámbito de la salud global fue su compromiso con la erradicación de la poliomielitis, una enfermedad que ha sido prácticamente eliminada en gran parte del mundo gracias a los esfuerzos de vacunación apoyados por la Fundación Gates. También ha jugado un papel crucial en la lucha contra la malaria, invirtiendo en investigaciones para desarrollar nuevas vacunas y tratamientos.

Gates también fue un defensor del Acceso Global a Medicamentos. Trabajó para garantizar que las vacunas y los tratamientos médicos fueran accesibles a precios asequibles en los países en desarrollo, utilizando la influencia de su fundación para negociar acuerdos con farmacéuticas y gobiernos.

Otro de los principales intereses de Gates ha sido la educación. La Fundación Gates ha invertido miles de millones de dólares en la reforma educativa, especialmente en Estados Unidos, promoviendo el acceso a la tecnología en las aulas y mejorando la calidad de la enseñanza. Gates cree firmemente en el poder de la educación para reducir la pobreza y ha trabajado en iniciativas para apoyar a los maestros y a los estudiantes en situación vulnerable.

Gates también ha utilizado su influencia en el ámbito tecnológico para promover el acceso a la tecnología y la conectividad en todo el mundo. Su visión sobre la "inclusión digital" ha sido clave para cerrar la brecha digital en muchos países, permitiendo que las comunidades desfavorecidas accedan a las herramientas tecnológicas que pueden mejorar su calidad de vida.

En 2008, Gates dejó su puesto a tiempo completo en Microsoft para dedicarse completamente a la filantropía, aunque siguió involucrado como presidente de la junta directiva hasta 2014, cuando finalmente se retiró del rol activo en la empresa.

A lo largo de su vida, Gates ha sido una figura controversial, admirada y criticada por su enfoque competitivo en los negocios. Sin embargo, su impacto en la tecnología moderna es indiscutible. Su visión sobre la informática personal transformó la industria del software y sentó las bases para la era de la tecnología de consumo.

Gates es también una de las figuras más influyentes en la filantropía global. A través de su fundación, ha destinado miles de millones de dólares a proyectos humanitarios, de salud y de educación, y ha influido en el comportamiento de otros multimillonarios a través de iniciativas como The Giving Pledge, en la que Gates y otros filántropos se comprometen a donar al menos la mitad de su riqueza a causas benéficas.

Además, Gates ha sido un defensor del cambio climático en los últimos años, invirtiendo en tecnologías limpias y energías renovables para combatir el calentamiento global. Ha destacado la necesidad de innovación tecnológica para abordar los problemas climáticos y ha publicado libros y dado conferencias sobre el tema.

Su legado se extiende más allá de la tecnología, hacia un compromiso profundo con la mejora de las condiciones de vida de millones de personas en todo el mundo. Su capacidad para combinar una visión empresarial con un sentido del deber social lo convierte en un referente no solo en el mundo de los negocios, sino también en el ámbito humanitario.

## 13. Elon Musk

Elon Musk (1971) es uno de los empresarios más influyentes y polémicos de la era moderna, conocido por su capacidad para transformar industrias enteras con su enfoque disruptivo e innovador. Como fundador y CEO de empresas como SpaceX, Tesla, Neuralink y The Boring Company, Musk ha jugado un papel crucial en la revolución de la tecnología espacial, los vehículos eléctricos, la inteligencia artificial y la infraestructura urbana. Su visión no solo abarca la Tierra, sino también la exploración del espacio, con el objetivo de hacer de la humanidad una especie multiplanetaria. Con una mezcla de genio, audacia y ambición, Musk ha dejado una huella profunda en la tecnología moderna y ha desafiado las convenciones tradicionales de la industria.

Elon Reeve Musk nació el 28 de junio de 1971 en Pretoria, Sudáfrica, en el seno de una familia acomodada. Su padre, Errol Musk, era ingeniero, y su madre, Maye Musk, era dietista y modelo. Desde joven, Musk mostró una intensa curiosidad por la ciencia y la tecnología. A los 10 años, ya estaba programando, y a los 12, creó y vendió su primer software, un videojuego llamado Blastar.

Musk tuvo una infancia difícil, marcada por el acoso escolar y una relación tensa con su padre. A los 17 años, decidió dejar Sudáfrica y mudarse a Canadá, donde obtuvo la ciudadanía a través de su madre. Estudió brevemente en la Universidad de Queen's antes de transferirse a la Universidad de Pensilvania, en Estados Unidos, donde obtuvo una licenciatura en física y otra en economía en la Wharton School of Business.

Posteriormente, Musk fue aceptado en el programa de doctorado en física aplicada de Stanford, pero abandonó los estudios después de solo dos días para perseguir sus sueños empresariales en el floreciente mundo de Internet.

El primer emprendimiento importante de Musk fue Zip2, una empresa de software fundada en 1996, que proporcionaba mapas y directorios de negocios para periódicos en línea. Con la ayuda de su hermano Kimbal, Elon desarrolló Zip2 con el objetivo de facilitar el acceso a la información digital. En 1999, Compaq adquirió Zip2 por 307 millones de dólares, lo que le proporcionó a Musk su primer gran éxito financiero.

Con el capital obtenido de la venta de Zip2, Musk fundó X.com en 1999, una compañía de pagos en línea. Esta empresa eventualmente se fusionó con Confinity, que tenía un servicio de transferencia de dinero llamado PayPal. Musk, como mayor accionista y líder visionario, jugó un papel clave en el crecimiento de PayPal, que se convirtió en una plataforma global de pagos en línea. En 2002, eBay adquirió PayPal por 1.500 millones de dólares, consolidando la reputación de Musk como un empresario exitoso y dándole los recursos financieros para embarcarse en proyectos más ambiciosos.

El siguiente gran paso en la carrera de Musk fue fundar SpaceX (Space Exploration Technologies Corp.) en 2002 con el objetivo de reducir los costos de acceso al espacio y, a largo plazo, colonizar Marte. Musk estaba convencido de que el futuro de la humanidad dependía de su capacidad para expandirse más allá de la Tierra. A pesar de las críticas y los obstáculos iniciales, SpaceX ha logrado una serie de hitos sin precedentes en la industria aeroespacial.

En 2008, después de varios lanzamientos fallidos que pusieron a la compañía al borde del colapso, SpaceX lanzó con éxito el Falcon 1, convirtiéndose en la primera empresa privada en poner un cohete de combustible líquido en órbita. A partir de entonces, SpaceX ha seguido revolucionando la industria espacial con avances tecnológicos clave, como el Falcon 9, un cohete reutilizable, y la nave Dragon, que ha transportado carga y astronautas a la Estación Espacial Internacional (ISS).

En 2020, SpaceX hizo historia al ser la primera compañía privada en llevar astronautas a la ISS, marcando el inicio de una nueva era en la exploración espacial comercial. Pero Musk no se detiene ahí; su visión a largo plazo con SpaceX es construir la nave Starship, capaz de llevar humanos a Marte, con el objetivo final de convertir al planeta rojo en una segunda base para la humanidad.

En paralelo con su trabajo en SpaceX, Musk también transformó la industria automotriz. Aunque no fue el fundador de Tesla, se unió a la empresa poco después de su creación en 2004 y se convirtió en su mayor inversor y CEO. Tesla fue fundada con el objetivo de acelerar la transición mundial hacia la energía sostenible mediante la producción de vehículos eléctricos. Musk vio el potencial de los coches eléctricos no solo como una alternativa ecológica, sino como el futuro de la movilidad.

En 2008, Tesla lanzó su primer automóvil, el Roadster, un coche deportivo completamente eléctrico que rompió con la percepción de que los coches eléctricos eran lentos y poco atractivos. Posteriormente, Tesla introdujo una serie de vehículos que revolucionaron el mercado: el Model S, un sedán de lujo; el Model X, un SUV; y el Model 3, que fue diseñado para ser un automóvil eléctrico asequible para el mercado masivo.

Tesla ha sido pionera en el desarrollo de baterías de larga duración y tecnologías de conducción autónoma, posicionándose como líder en la industria de vehículos eléctricos. A lo largo de los años, Tesla se ha enfrentado a múltiples desafíos, desde problemas de producción hasta escepticismo generalizado por parte de la industria automotriz tradicional. Sin embargo, bajo el liderazgo de Musk, Tesla ha desafiado todas las expectativas, convirtiéndose en la empresa automotriz más valiosa del mundo y catapultando a Musk al puesto de la persona más rica del planeta en 2021.

Además, Tesla también ha jugado un papel clave en la transición hacia energías renovables a través de su división de energía, Tesla Energy, que desarrolla baterías domésticas y soluciones de almacenamiento de energía a gran escala, como el Powerwall y el Powerpack.

Elon Musk no se limita a SpaceX y Tesla. Sus intereses abarcan una variedad de campos que apuntan a resolver problemas globales y futuros desafíos tecnológicos

## 14. Vladimir Putin

Vladimir Putin, nacido el 7 de octubre de 1952 en Leningrado (actual San Petersburgo), es uno de los líderes más influyentes y controvertidos del siglo XXI. Tras su ascenso al poder en 1999, Putin ha transformado a Rusia en un actor central en la política global, consolidando un régimen autoritario y llevando a cabo una política exterior agresiva que ha reconfigurado el equilibrio de poder internacional. Su ejercicio del poder ha estado marcado por la centralización del control, la represión de la oposición interna y la revitalización del orgullo nacional ruso, todo lo cual está definiendo su legado.

Putin nació en una familia humilde en la Unión Soviética. Su padre fue combatiente en la Segunda Guerra Mundial y su madre trabajadora de fábrica. Desde joven, Putin mostró interés en las artes marciales y en el espionaje, lo que lo llevó a ingresar a la KGB, la agencia de inteligencia y seguridad de la Unión Soviética, en 1975. Durante su tiempo en la KGB, Putin se especializó en el espionaje exterior y fue destinado a Dresde, Alemania Oriental, entre 1985 y 1990, donde estuvo involucrado en actividades de inteligencia durante el ocaso de la Guerra Fría.

Cuando la Unión Soviética colapsó en 1991, Putin regresó a Leningrado (ya renombrada San Petersburgo) y comenzó su transición hacia la política civil. Su relación con Anatoli Sobchak, el alcalde de San Petersburgo, lo ayudó a ingresar en el gobierno local, donde comenzó a construir una red de contactos políticos. En 1996, Putin se trasladó a Moscú, donde se integró al equipo del entonces presidente Boris Yeltsin.

En 1999, Yeltsin, debilitado por problemas de salud y escándalos de corrupción, nombró a Putin como su sucesor al designarlo primer ministro. En diciembre de ese año, Yeltsin renunció inesperadamente, y Putin asumió el cargo de presidente interino. En las elecciones de marzo de 2000, Putin fue elegido presidente de Rusia con una clara victoria.

El primer mandato de Putin estuvo marcado por su esfuerzo por restaurar la estabilidad en Rusia después del caótico período postsoviético de los años 90. Heredó un país debilitado por la crisis económica, el separatismo en Chechenia y la corrupción generalizada. Para enfrentar estos desafíos, Putin centralizó el poder en el Kremlin y reformó el sistema político, debilitando la influencia de los oligarcas que habían acumulado poder durante la presidencia de Yeltsin.

Uno de los primeros grandes retos de Putin fue la segunda guerra en Chechenia (1999-2009), una región separatista que buscaba independizarse de Rusia. Putin adoptó una postura dura, lanzando una ofensiva militar que resultó en la devastación de la región y miles de muertos, pero que finalmente consolidó el control del Kremlin sobre Chechenia. La victoria en Chechenia fue presentada por Putin como una restauración del orden en Rusia, lo que incrementó su popularidad entre los rusos.

A lo largo de su primer mandato, Putin también centralizó el control sobre las regiones de Rusia, limitando la autonomía de los gobernadores regionales y eliminando elecciones directas para esos puestos, lo que le permitió consolidar un sistema de vertical de poder en el que el Kremlin tenía control directo sobre las administraciones regionales.

En términos económicos, Putin aprovechó el auge de los precios del petróleo para revitalizar la economía rusa. Su gobierno implementó reformas que promovieron la estabilidad macroeconómica y permitieron la acumulación de grandes reservas de divisas. Esto ayudó a reducir la deuda pública y a fortalecer el rublo, lo que a su vez contribuyó al renacimiento del nacionalismo ruso.

Durante este período, Putin promovió la idea de una Rusia fuerte y soberana, recuperando parte del estatus de superpotencia que había perdido con el colapso de la Unión Soviética. Reforzó el control estatal sobre sectores estratégicos como la energía, nacionalizando o tomando participación en importantes empresas, como Gazprom y Rosneft. La economía rusa comenzó a crecer, y millones de rusos experimentaron mejoras en su nivel de vida.

En 2008, al terminar su segundo mandato, Putin respetó la limitación constitucional que impedía un tercer mandato consecutivo. Sin embargo, permaneció en el poder como primer ministro mientras su aliado cercano, Dmitri Medvédev, asumía la presidencia. Aunque Medvédev fue oficialmente presidente, era claro que Putin continuaba siendo el verdadero líder de Rusia.

Durante este periodo, el tándem Medvédev-Putin llevó a cabo una política exterior más abierta, promoviendo cierta cooperación con Occidente, como el acuerdo para reducir los arsenales nucleares. Sin embargo, internamente, el poder de Putin seguía siendo inquebrantable.

En 2012, Putin regresó a la presidencia tras unas elecciones que provocaron grandes protestas en Moscú y otras ciudades. Su regreso marcó el fin del breve experimento de liberalización y fue acompañado por una serie de medidas más represivas para silenciar a la oposición y controlar los medios de comunicación.

Uno de los momentos más significativos del liderazgo de Putin en la escena global fue la anexión de Crimea en 2014. Tras la caída del gobierno prorruso en Ucrania y el estallido de la crisis en el país, Rusia invadió y anexionó la península de Crimea, lo que fue ampliamente condenado por la comunidad internacional y provocó sanciones por parte de Estados Unidos y la Unión Europea.

El conflicto en Ucrania y la anexión de Crimea marcaron un punto de inflexión en las relaciones entre Rusia y Occidente. Putin justificó la acción como una defensa de los rusos étnicos en Crimea y un esfuerzo por restaurar la influencia rusa en las decisiones mundiales. Esta acción fue celebrada en Rusia, donde Putin fue percibido como un defensor de los intereses nacionales frente a un Occidente hostil. Sin embargo, las sanciones económicas comenzaron a debilitar la economía rusa, dependiente del comercio exterior y de las exportaciones de energía.

A pesar de las sanciones, Putin ha seguido desafiando el orden mundial liderado por Occidente, utilizando herramientas como la intervención militar en Siria, el apoyo a regímenes autoritarios, y campañas de desinformación y ciberataques para desestabilizar a las democracias occidentales. Bajo su mandato, Rusia ha intervenido en los conflictos de Ucrania y Siria, consolidando su posición como potencia militar y geopolítica clave en estas regiones.

En el ámbito doméstico, el régimen de Putin ha sido caracterizado por un estricto control sobre los medios de comunicación y la represión de cualquier disidencia política significativa. Los principales medios de comunicación de Rusia están bajo control estatal o de empresarios leales a Putin, lo que ha permitido al Kremlin controlar la narrativa política. No obstante, también es cierto que los grandes medios de comunicación occidentales no siempre son transparentes y libres de intereses a la hora de analizar las acciones del líder ruso.

La represión de la oposición ha sido un aspecto central del mandato de Putin. A lo largo de los años, varios críticos del Kremlin han sido silenciados de diferentes maneras. Algunos han sido encarcelados, como el líder opositor Alexéi Navalny, que falleció en cautiverio, mientras que otros, como el periodista Anna Politkóvskaya y el político Boris Nemtsov, fueron asesinados en circunstancias sospechosas. Navalny ha sido una de las voces más prominentes contra la corrupción en Rusia, y su envenenamiento en 2020, seguido de su arresto, provocó una condena internacional.

El legado de Putin es complejo y polarizador. Para muchos rusos, Putin es visto como el líder que restauró la estabilidad, el orgullo y la influencia global de Rusia después del caos de la era postsoviética. Su administración ha reforzado la economía, ha fortalecido la capacidad militar de Rusia y ha reavivado el sentimiento de grandeza nacional.

Sin embargo, su mandato también ha sido marcado por la concentración de poder, la represión de las libertades civiles y el deterioro de las relaciones con Occidente. La falta de un sistema democrático genuino, con elecciones que no son vistas como justas por muchos observadores, y la persistente corrupción han dejado a Rusia en una posición de dependencia económica del petróleo y el gas.

A nivel internacional, Putin ha reposicionado a Rusia como una potencia desafiante frente a Occidente, utilizando tácticas tanto militares como cibernéticas para influir en los asuntos globales. Su legado estará profundamente vinculado a su enfoque autoritario de gobierno, su rechazo al orden liberal occidental y su habilidad para mantener un régimen de poder absoluto durante más de dos décadas.

Junto a Rusia, Sudáfrica, Brasil, India y China, han formado los BRICS, una alianza con fines comerciales que rivaliza con la hegemonía de los EE.UU y sus aliados. El discurso de Vladimir Putín se centra en la construcción de un mundo multipolar, en donde no haya hegemonías absolutas, sino un libre comercio sin miedos a arbitrarias sanciones.

El futuro de su régimen, y el lugar que ocupará en la historia, dependerá de cómo maneje los desafíos económicos y políticos en un mundo cada vez más globalizado y en constante cambio.

# 15. Papa Francisco

El Papa Francisco, nacido como Jorge Mario Bergoglio el 17 de diciembre de 1936 en Buenos Aires, Argentina, se convirtió en el primer papa latinoamericano y jesuita al ser elegido el 13 de marzo de 2013. Desde su elección como el 266° pontífice de la Iglesia Católica, ha sido un líder que ha marcado una nueva era en el Vaticano con un enfoque en la sencillez, la justicia social, la reforma interna de la Iglesia y el diálogo interreligioso. Su papado ha sido notable por su esfuerzo por acercar la Iglesia a los marginados, promover la misericordia, y abordar problemas globales como el cambio climático y la desigualdad económica.

Jorge Mario Bergoglio nació en una familia de inmigrantes italianos en Buenos Aires, donde fue criado en una atmósfera católica. Tras completar su educación secundaria como técnico químico, Bergoglio sintió el llamado a la vida religiosa y se unió a la Compañía de Jesús (los jesuitas) en 1958. Su formación religiosa lo llevó a estudiar en seminarios de Argentina y Chile, y luego a ser ordenado sacerdote el 13 de diciembre de 1969.

A lo largo de su carrera religiosa, Bergoglio fue conocido por su humildad, su vida austera y su profunda dedicación a los pobres y marginados. Durante los años 70, mientras servía como Provincial de los jesuitas en Argentina, tuvo que navegar por el complejo y peligroso clima político de la dictadura militar en el país. Aunque su papel en ese período ha sido objeto de debate, se ha reconocido que Bergoglio protegió a muchos de la represión del régimen, aunque también ha sido criticado por no tomar una posición más abierta contra la dictadura.

En 1998, fue nombrado arzobispo de Buenos Aires, y en 2001 fue elevado al rango de cardenal por el Papa Juan Pablo II. Como arzobispo, se distinguió por su sencillez y cercanía con la gente, viajando en transporte público y viviendo en un pequeño apartamento en lugar de la residencia oficial. Bergoglio fue conocido por su enfoque pastoral, su dedicación a los pobres y su firme oposición a la corrupción y a las políticas que perpetuaban la desigualdad.

La elección de Jorge Bergoglio como Papa fue histórica en varios sentidos: fue el primer papa no europeo en más de 1,200 años, el primer papa jesuita y el primer pontífice que eligió el nombre de Francisco, en honor a San Francisco de Asís, el santo de la pobreza y la humildad. Al tomar este nombre, Bergoglio dejó claro que su papado se centraría en los valores de sencillez, amor por los pobres y cuidado de la creación.

Desde el primer momento de su papado, el Papa Francisco sorprendió al mundo con su estilo directo y humilde. Rompió con muchas tradiciones papales al renunciar a ciertos símbolos de poder y lujo, como la cruz de oro y el trono papal, prefiriendo una cruz de hierro y vivir en la Casa Santa Marta, una residencia sencilla en lugar del palacio papal. Estas decisiones reflejaban su compromiso con una Iglesia más cercana al pueblo y menos centrada en el poder y el prestigio.

Uno de los principales retos que ha enfrentado el Papa Francisco es la reforma de la Curia, la burocracia vaticana, un objetivo clave desde el inicio de su pontificado. Francisco ha trabajado por una mayor transparencia financiera en el Vaticano, luchando contra la corrupción y las irregularidades dentro del Banco Vaticano. Además, ha buscado reducir el poder de ciertos sectores conservadores dentro de la Iglesia, promoviendo un liderazgo más inclusivo y participativo.

Sin embargo, uno de los mayores desafíos de su papado ha sido la respuesta a los escándalos de abuso sexual en la Iglesia. Aunque Francisco ha tomado medidas para abordar el problema, como la creación de comisiones para la protección de menores y la promulgación de nuevas leyes de responsabilidad, su manejo de algunos casos ha sido criticado, particularmente por no actuar con la rapidez o severidad que algunos esperaban en ciertos momentos. No obstante, Francisco ha sido uno de los papas más abiertos en reconocer los errores de la Iglesia y la necesidad de justicia para las víctimas.

Uno de los temas centrales del papado de Francisco ha sido su llamado a la justicia social y a una Iglesia en salida, es decir, una Iglesia que se involucra activamente en el mundo y que defiende a los más pobres y vulnerables. Inspirado por las enseñanzas de San Francisco de Asís, el Papa ha sido un crítico vocal del capitalismo desenfrenado, la globalización que excluye y la cultura del descarte, en la que los pobres, los migrantes y los marginados son ignorados.

En su encíclica "Evangelii Gaudium" (La Alegría del Evangelio) en 2013, Francisco subrayó la importancia de una Iglesia que debe estar al servicio de los necesitados y denunció las desigualdades económicas.

Reiteró su crítica a un sistema económico que promueve la concentración de la riqueza y ha abogado por un enfoque más equitativo en la distribución de recursos globales. En este sentido, su mirada socialista de la política lo ha hecho defender regímenes de este corte ideológico, pero sin criticar los casos de corrupción o autoritarismo que muchos presentan, tales los casos de Venezuela y Argentina.

Otro pilar fundamental del legado de Francisco ha sido su enfoque en el medio ambiente. En 2015, publicó su histórica encíclica "Laudato si", en la que hizo un llamado urgente a cuidar "nuestra casa común". En este documento, el Papa conectó el cambio climático y la degradación ambiental con problemas de justicia social, subrayando cómo los pobres son los más afectados por la destrucción del medio ambiente.

"Laudato si", no solo fue una declaración teológica, sino un llamado a la acción global para frenar el calentamiento global, proteger los ecosistemas y fomentar un desarrollo sostenible. En la encíclica, Francisco criticó duramente a las corporaciones y gobiernos que anteponen los beneficios económicos a la protección del planeta y pidió una mayor responsabilidad por parte de las naciones desarrolladas.

El Papa Francisco también ha sido un fuerte defensor del diálogo interreligioso y la paz global. Desde su papado, ha trabajado activamente para mejorar las relaciones entre el Vaticano y otras religiones, especialmente con el Islam y el judaísmo. En 2019, realizó un histórico viaje a los Emiratos Árabes Unidos, donde firmó el Documento sobre la fraternidad humana junto al Gran Imán de Al-Azhar, llamando a la cooperación entre cristianos y musulmanes.

Francisco ha intervenido en varios conflictos internacionales, apelando por la paz en regiones afectadas por la guerra, como Siria, y abogando por el respeto a los derechos humanos. En 2014, jugó un papel clave en la mediación que ayudó a restablecer las relaciones diplomáticas entre Estados Unidos y Cuba, después de décadas de hostilidad.

A pesar de su popularidad global, Francisco ha enfrentado resistencia dentro de la Iglesia, especialmente por parte de sectores conservadores que critican su enfoque pastoral, considerado por algunos como demasiado liberal. La oposición se ha manifestado en torno a temas como la familia, la sexualidad y el papel de las mujeres en la Iglesia. Por ejemplo, la exhortación apostólica "Amoris Laetitia" de 2016, que abrió la posibilidad de que algunas personas divorciadas y vueltas a casar recibieran la comunión, fue criticada por ciertos cardenales y teólogos, quienes veían en ello una desviación de la doctrina tradicional.

Asimismo, su enfoque hacia temas como los derechos de los homosexuales y su llamada a una mayor inclusión de los migrantes ha generado controversia entre los sectores más tradicionales de la Iglesia.

El legado del Papa Francisco será recordado por su énfasis en la misericordia, la justicia social y la ecología integral. Ha buscado transformar una Iglesia percibida como distante y burocrática en una institución más cercana a la realidad de las personas, especialmente de los pobres y marginados. Bajo su liderazgo, la

Iglesia ha sido llamada a ser más inclusiva, compasiva y activa en la lucha contra las injusticias sociales y ambientales.

Francisco es un líder que ha buscado balancear la tradición con la necesidad de reforma. Si bien su papado ha enfrentado desafíos y resistencias, su impacto en la forma en que la Iglesia interactúa con el mundo y aborda los grandes problemas de nuestro tiempo será parte fundamental de su legado. A través de su humildad, su llamado a una "Iglesia pobre para los pobres" y su valiente toma de posiciones sobre temas globales, el Papa Francisco está dejado una huella imborrable en la historia del catolicismo y el mundo moderno.

## 16. Jeff Bezos

Jeff Bezos, nacido como Jeffrey Preston Jorgensen el 12 de enero de 1964 en Albuquerque, Nuevo México, es el fundador de Amazon, una de las empresas tecnológicas más grandes e influyentes del mundo. A través de su visión empresarial, innovación y enfoque en la satisfacción del cliente, Bezos ha transformado el comercio minorista y ha revolucionado diversas industrias, desde la tecnología hasta los medios de comunicación y la exploración espacial. Su ejercicio del poder, su influencia en el panorama empresarial global y su enfoque en el futuro han definido su legado como uno de los empresarios más importantes del siglo XXI.

Jeff Bezos nació en una familia de clase media. Su madre, Jacklyn Gise, tenía solo 17 años cuando lo tuvo, y su padre biológico, Ted Jorgensen, abandonó la familia poco después del nacimiento de Jeff. Cuando Bezos tenía cuatro años, su madre se casó con Miguel Bezos, un inmigrante cubano, quien adoptó a Jeff y le dio su apellido.

Desde joven, Bezos mostró una fuerte inclinación por la ciencia y la tecnología. Pasaba tiempo inventando artilugios y construyendo proyectos tecnológicos caseros. Asistió a la Escuela Preparatoria de Miami Palmetto y luego ingresó a Princeton University, donde se graduó en 1986 con una licenciatura en Ingeniería Eléctrica y Ciencias de la Computación.

Tras su graduación, Bezos trabajó en Wall Street, donde tuvo una exitosa carrera en firmas como Bankers Trust y D.E. Shaw, una firma de fondos de cobertura donde rápidamente ascendió a vicepresidente. Sin embargo, en 1994, Bezos decidió dejar su prometedora carrera para perseguir una idea revolucionaria: vender libros a través de Internet.

En 1994, Jeff Bezos fundó Amazon.com en el garaje de su casa en Seattle. Originalmente concebido como una librería en línea, Bezos identificó una oportunidad única con el rápido crecimiento del Internet y la falta de un competidor significativo en el comercio electrónico de libros. La idea de Bezos era sencilla pero visionaria: aprovechar la escala y el acceso global de Internet para crear una tienda que pudiera ofrecer más títulos que cualquier librería física.

El lanzamiento de Amazon en 1995 fue un éxito inmediato. La compañía ofrecía un catálogo masivo de libros y pronto se expandió a otros productos, comenzando con música y películas, y luego abarcando casi cualquier tipo de bien de consumo, desde ropa hasta tecnología. Desde el principio, Bezos puso un fuerte énfasis en la satisfacción del cliente, una filosofía que se convertiría en uno de los pilares del éxito de Amazon.

En los primeros años, Amazon operaba con pérdidas, ya que Bezos priorizaba el crecimiento y la expansión sobre las ganancias inmediatas. En lugar de enfocarse en rentabilidad a corto plazo, reinvertía los ingresos en la infraestructura tecnológica de la compañía y en mejorar la experiencia del cliente. Esta estrategia, aunque arriesgada en su momento, permitió a Amazon construir una base de clientes leales y una sólida infraestructura logística.

Una de las decisiones clave que cambió el curso de Amazon fue la introducción de Amazon Prime en 2005. Por una tarifa anual, Prime ofrecía envíos gratuitos en dos días, algo que redefinió las expectativas del consumidor sobre la rapidez en las entregas. Este servicio se convirtió en un éxito masivo y ayudó a Amazon a fidelizar aún más a sus clientes. Con el tiempo, Prime se expandió para incluir servicios adicionales como acceso a música, series y películas, consolidando a Amazon como un actor importante en el mundo del entretenimiento.

El éxito de Prime también permitió que Amazon pudiera competir de manera más agresiva en el comercio minorista. La empresa comenzó a ofrecer un vasto surtido de productos de consumo a precios competitivos, superando a muchos minoristas tradicionales. La expansión de Amazon Marketplace, que permitió a terceros vender productos en la plataforma, amplió aún más su alcance, posicionando a Amazon como la tienda "para todo" que Bezos siempre había soñado.

Otra de las decisiones más visionarias de Bezos fue la creación de Amazon Web Services (AWS), lanzado en 2006. AWS ofrecía servicios en la nube a empresas, permitiéndoles almacenar y gestionar datos sin la necesidad de mantener sus propios servidores. Esta división de Amazon creció rápidamente y se convirtió en una de las ramas más rentables de la empresa, proporcionando servicios a gigantes tecnológicos como Netflix, NASA y muchas otras corporaciones.

AWS permitió a Amazon diversificar sus ingresos y fortaleció la imagen de Bezos como un empresario que no solo revolucionó el comercio electrónico, sino también la infraestructura tecnológica global. Hoy en día, AWS sigue siendo líder en la industria de la computación en la nube y es uno de los principales impulsores de las ganancias de Amazon.

Jeff Bezos es conocido por su enfoque metódico y centrado en los datos, una estrategia que ha definido su estilo de liderazgo. En Amazon, implementó una cultura de innovación continua y experimentación, alentando a sus empleados a pensar a largo plazo y no temer al fracaso. Su famosa carta a los accionistas de 1997, donde describía a Amazon como una compañía enfocada en el "día 1", es emblemática de su filosofía de que la empresa siempre debía mantener una mentalidad de inicio, sin caer en la complacencia.

A lo largo de su carrera, Bezos ha sido descrito como un líder exigente y perfeccionista, dispuesto a tomar grandes riesgos para lograr sus objetivos. Su capacidad para anticipar tendencias tecnológicas y su disposición para reinvertir los beneficios en nuevos proyectos han sido claves para el crecimiento continuo de Amazon.

Bajo su liderazgo, Amazon no solo se convirtió en una de las empresas más valiosas del mundo, sino que también cambió radicalmente el comportamiento de los consumidores. Su énfasis en la conveniencia, la velocidad y la eficiencia transformó la expectativa de los clientes en todo el planeta y obligó a competidores como Walmart y Target a adaptarse o perder terreno.

A pesar de su éxito en Amazon, Bezos siempre ha tenido una pasión por el espacio. En 2000, fundó Blue Origin, una compañía dedicada a la exploración espacial, con la visión de hacer accesible los viajes espaciales a la humanidad. Aunque durante muchos años Blue Origin operó en relativo silencio, en la última década ha ganado notoriedad con el desarrollo de cohetes reutilizables que podrían hacer los vuelos espaciales más asequibles.

El enfoque de Bezos con Blue Origin ha sido mucho más a largo plazo que el de su rival SpaceX, dirigida por Elon Musk. Mientras que SpaceX se ha centrado en contratos gubernamentales y misiones espaciales comerciales, Bezos ha expresado su deseo de establecer una presencia humana en el espacio de forma sostenible y a largo plazo, con la idea de que la humanidad eventualmente pueda colonizar otros planetas.

En 2013, Jeff Bezos compró The Washington Post, uno de los periódicos más influyentes de Estados Unidos, por 250 millones de dólares. Su adquisición fue vista con sorpresa, ya que Bezos no tenía experiencia previa en el mundo de los medios de comunicación. Sin embargo, bajo su propiedad, el Washington Post ha experimentado un renacimiento digital, mejorando su presencia en línea y aumentando significativamente su base de suscriptores.

Bezos ha mantenido su compromiso de no interferir en la independencia editorial del periódico, pero su influencia se ha sentido en la transformación tecnológica y la expansión de la cobertura digital del medio. El Washington Post ha recuperado relevancia en la era de los medios digitales y ha sido una voz importante en la cobertura política de Estados Unidos.

El legado de Jeff Bezos es innegable. Ha revolucionado la forma en que compramos, trabajamos y consumimos contenido. Bajo su liderazgo, Amazon se ha convertido en una fuerza económica dominante y en una de las compañías más influyentes del mundo.

Sin embargo, su ascenso no ha estado exento de controversias. Amazon ha sido criticada por las condiciones laborales en sus centros de distribución, donde los empleados han denunciado largas jornadas y entornos de trabajo exigentes. También ha sido objeto de críticas por sus prácticas fiscales, ya que la empresa ha aprovechado lagunas legales para pagar bajos impuestos en varios países.

Bezos también ha sido criticado por su enorme riqueza personal. Durante años, fue el hombre más rico del mundo, alcanzando un patrimonio neto que superaba los 200 mil millones de dólares en un momento. Su fortuna lo convirtió en un símbolo del creciente problema de la desigualdad económica en el mundo.

Jeff Bezos es uno de los empresarios más influyentes de la historia moderna. Su capacidad para prever el futuro de la tecnología y el comercio lo ha convertido en una figura central en la transformación digital global. A través de Amazon, Bezos ha dejado una marca indeleble en la vida cotidiana de millones de personas, cambiando la forma en que compramos, trabajamos y pensamos sobre el futuro.

A pesar de las controversias y desafíos, el legado de Bezos como innovador y líder empresarial está asegurado. Con su enfoque en el largo plazo, su interés en la exploración espacial y su impacto en diversas industrias, Bezos seguirá siendo una figura relevante en los años venideros, tanto por sus contribuciones empresariales como por las implicaciones sociales y económicas de sus innovaciones.

# 17. Xi Jinping

Xi Jinping, nacido el 15 de junio de 1953 en Pekín, es el presidente de la República Popular China desde 2013 y secretario general del Partido Comunista Chino (PCC) desde 2012. Su liderazgo ha marcado un cambio significativo en el desarrollo económico, político y social de China. Desde su llegada al poder, Xi ha consolidado su autoridad, reformado el sistema militar, intensificado la supervisión del partido y proyectado a China como una potencia global. Su estilo de gobierno autoritario y su enfoque en la restauración del poder y la grandeza de China han sido pilares fundamentales de su legado.

Xi Jinping proviene de una familia influyente dentro del Partido Comunista Chino. Su padre, Xi Zhongxun, fue uno de los fundadores de la guerrilla comunista en la década de 1930 y un veterano revolucionario que ocupó altos cargos en el gobierno, incluidos roles en la administración de las provincias y el liderazgo en el partido. Sin embargo, durante la Revolución Cultural (1966-1976), Xi Zhongxun fue purgado del partido y encarcelado, lo que afectó profundamente la juventud de Xi Jinping.

Durante este período tumultuoso, Xi Jinping fue enviado a trabajar en una zona rural en la provincia de Shaanxi como parte de los esfuerzos de Mao Zedong de reeducar a los jóvenes intelectuales urbanos. A pesar de las condiciones difíciles, Xi se adaptó y cultivó relaciones con los campesinos, ganando una profunda comprensión del país rural. Estas experiencias moldearon su perspectiva política y su capacidad para navegar en las complejidades del poder en el Partido Comunista.

Tras la muerte de Mao y el fin de la Revolución Cultural, Xi Jinping ingresó al Partido Comunista Chino en 1974. Posteriormente, estudió en la Universidad de Tsinghua, donde se graduó en ingeniería química en 1979. Su ascenso en el partido fue gradual, con Xi ocupando cargos en diferentes provincias y destacándose por su capacidad administrativa y su enfoque pragmático.

Xi Jinping fue escalando posiciones en el Partido Comunista durante las décadas de 1980 y 1990, trabajando en diferentes niveles de gobierno local, incluidas las provincias de Fujian, Zhejiang y Shanghái. A lo largo de su carrera, Xi se ganó la reputación de ser un político discreto pero eficaz, evitando escándalos y manteniendo relaciones clave dentro del partido.

En 2007, fue promovido al Comité Permanente del Politburó, el órgano más poderoso de China, lo que lo posicionó como un candidato fuerte para suceder al presidente Hu Jintao. En 2012, Xi fue elegido secretario general del Partido Comunista y presidente de la Comisión Militar Central, y en 2013 asumió la presidencia de China, consolidando así su control sobre las principales instituciones del poder.

Una de las características más notables del gobierno de Xi Jinping ha sido su capacidad para consolidar el poder personal. A diferencia de sus predecesores recientes, que se retiraban después de dos mandatos presidenciales, Xi promovió reformas que eliminaron el límite de dos mandatos para el presidente en 2018. Esto le permitió mantenerse en el poder de manera indefinida y rompió con la tradición establecida después de la muerte de Mao, en la que los líderes chinos limitaban su tiempo en el cargo para evitar una acumulación excesiva de poder.

Esta medida fue parte de un proceso más amplio de centralización del poder bajo Xi, que ha suprimido cualquier oposición dentro del partido. A través de su campaña anticorrupción, Xi ha destituido y castigado a cientos de miles de funcionarios, incluidos altos cargos del partido, en lo que ha sido visto como un esfuerzo tanto por limpiar el partido como por eliminar rivales políticos. Esta campaña le ha permitido ganar control sobre el ejército, la burocracia y las fuerzas de seguridad, convirtiéndolo en el líder más poderoso de China desde Mao Zedong.

Una de las principales contribuciones ideológicas de Xi Jinping ha sido la promoción del concepto del "Sueño Chino". Este término, acuñado poco después de su ascenso al poder, refleja la visión de Xi de restaurar a China como una potencia global próspera, fuerte y respetada. El Sueño Chino se articula en torno a dos objetivos: la "modernización socialista" y el rejuvenecimiento nacional, es decir, devolver a China su lugar central en la política mundial.

Este objetivo ha sido respaldado por políticas económicas de crecimiento sostenido, el fortalecimiento de la capacidad militar y una mayor presencia en la diplomacia internacional. Xi ha enfatizado el papel del socialismo con características chinas como un modelo alternativo viable al liberalismo occidental, destacando que China puede prosperar sin adoptar plenamente la democracia al estilo occidental.

Uno de los pilares del liderazgo de Xi ha sido la reforma del Ejército Popular de Liberación (EPL). Bajo su mando, Xi ha implementado una reestructuración significativa del ejército, reduciendo el número de tropas, pero aumentando su capacidad tecnológica y modernizando su infraestructura. La estrategia militar bajo Xi ha puesto un fuerte énfasis en la expansión marítima y el fortalecimiento de la presencia de China en el Mar del Sur de China, lo que ha llevado a tensiones con países vecinos y con Estados Unidos.

Además, Xi ha promovido una política exterior más asertiva. A través de la Iniciativa de la Franja y la Ruta, lanzada en 2013, Xi ha buscado ampliar la influencia global de China mediante la construcción de infraestructura en más de 60 países, financiada en gran parte por préstamos chinos. Este proyecto no solo busca fortalecer las rutas comerciales sino también expandir la proyección de poder de China en regiones estratégicas de Asia, África y Europa. La Iniciativa ha sido el centro de su estrategia global, colocando a China en el corazón de las rutas comerciales del futuro.

Xi Jinping ha utilizado la tecnología de manera extensa para ejercer un mayor control social y político sobre la población china. Su gobierno ha implementado un sistema de vigilancia masiva, que incluye cámaras de reconocimiento facial, monitoreo en línea y el desarrollo del sistema de crédito social, que clasifica a los ciudadanos según su comportamiento y lealtad al gobierno.

A través de estrictas regulaciones de Internet y medios, Xi ha restringido la libertad de expresión y ha consolidado el control sobre los medios de comunicación en China, silenciando a críticos y disidentes. El Gran Cortafuegos de China se ha intensificado bajo su liderazgo, controlando el acceso a información externa y promoviendo una narrativa nacionalista dentro del país.

Uno de los mayores desafíos para Xi Jinping ha sido la creciente resistencia en Hong Kong contra el control de Beijing. A pesar de la promesa de "un país, dos sistemas", que se suponía garantizaría a Hong Kong un alto grado de autonomía hasta 2047, el gobierno de Xi ha intervenido cada vez más en los asuntos de la región.

En 2019, las protestas masivas en Hong Kong contra un proyecto de ley de extradición a China se convirtieron en un movimiento más amplio a favor de la democracia y en contra del creciente control del gobierno chino. Xi respondió con dureza, implementando una Ley de Seguridad Nacional que restringe severamente las libertades civiles en Hong Kong, consolidando aún más el control de Beijing sobre la región.

Además, el gobierno de Xi ha sido criticado internacionalmente por las denuncias de violaciones de los derechos humanos en la región autónoma de Xinjiang, donde el gobierno ha sido acusado de detenciones masivas, trabajos forzados y reeducación política de la población musulmana uigur. Estas políticas han generado sanciones y condenas por parte de varios países, pero Xi ha mantenido su postura firme en defensa de la "estabilidad interna" de China.

Bajo Xi, China ha adoptado una postura cada vez más asertiva en la política internacional, lo que ha generado tensiones con Estados Unidos y otros países occidentales. Durante la presidencia de Donald Trump, las relaciones entre China y Estados Unidos se deterioraron, dando lugar a una guerra comercial que incluyó aranceles mutuos y restricciones a las empresas tecnológicas.

Xi también ha ampliado la influencia de China en instituciones multilaterales como las Naciones Unidas, promoviendo una visión alternativa al liderazgo estadounidense en temas globales como el cambio climático, la salud global y el desarrollo económico. Sin embargo, sus políticas exteriores agresivas, su apoyo a regímenes autoritarios y las violaciones a los derechos humanos han hecho que las relaciones de China con muchos países democráticos se tensen.

El legado de Xi Jinping ya es visible tanto dentro como fuera de China. En el ámbito interno, ha consolidado su control sobre el Partido Comunista y ha posicionado a China como una potencia económica y militar capaz de desafiar la hegemonía de Estados Unidos.

## 18.  Henry Kissinger

Henry Alfred Kissinger, nacido el 27 de mayo de 1923 en Fürth, Alemania, es una de las figuras más influyentes en la historia de la diplomacia internacional y la política exterior de Estados Unidos en el siglo XX. De origen judío, Kissinger emigró a Estados Unidos en 1938 con su familia para escapar del régimen nazi, y más tarde se convertiría en una de las mentes estratégicas más brillantes de la política mundial.

Como asesor de seguridad nacional y secretario de Estado bajo los presidentes Richard Nixon y Gerald Ford, Kissinger desempeñó un papel central en la creación de una nueva era de relaciones internacionales, marcada por la diplomacia de la distensión con la Unión Soviética, la apertura a China y la controversia por su papel en conflictos como la guerra de Vietnam y los golpes militares en América Latina. Su enfoque pragmático y realista, basado en la realpolitik, redefinió el papel de Estados Unidos en el mundo y dejó un legado de logros diplomáticos, aunque no exento de críticas.

Kissinger nació en el seno de una familia judía en Alemania, donde experimentó de primera mano la creciente persecución antisemita bajo el régimen nazi. La familia Kissinger emigró a Estados Unidos en 1938 y se estableció en Nueva York. Henry se naturalizó estadounidense en 1943 y sirvió en el ejército de Estados Unidos durante la Segunda Guerra Mundial, trabajando como intérprete y en labores de inteligencia militar debido a su fluido manejo del alemán.

Tras la guerra, Kissinger asistió a la Universidad de Harvard, donde obtuvo su licenciatura, maestría y doctorado en Ciencias Políticas. Su tesis doctoral sobre la política europea del siglo XIX, titulada A World Restored, centrada en la obra de Metternich y el sistema de equilibrio de poder en Europa, ya apuntaba hacia su enfoque pragmático y realista de las relaciones internacionales. En Harvard, Kissinger se forjó una sólida reputación como académico, publicando obras clave sobre estrategia y geopolítica, lo que lo posicionó para una carrera en el gobierno.

Kissinger fue reclutado por el presidente Richard Nixon en 1969 para ocupar el puesto de asesor de seguridad nacional, un cargo que lo colocó en el centro de la toma de decisiones de política exterior de Estados Unidos. Bajo el gobierno de Nixon, Kissinger adoptó un enfoque de realpolitik, una visión pragmática que favorecía la estabilidad global sobre consideraciones ideológicas, lo que lo llevó a buscar el diálogo incluso con regímenes comunistas, como la Unión Soviética y China.

En 1973, Nixon lo nombró secretario de Estado, convirtiéndose en una de las pocas personas en la historia de Estados Unidos en ocupar ambos cargos al mismo tiempo. Desde esta posición, Kissinger desempeñó un papel determinante en la formulación de la política exterior estadounidense durante uno de los períodos más complejos de la Guerra Fría.

Uno de los logros más destacados de Kissinger fue su papel en la creación de la política de distensión con la Unión Soviética. A través de un enfoque de equilibrio de poder y contención, Kissinger negoció varios acuerdos clave con los líderes soviéticos, particularmente con Leonid Brézhnev. Uno de los más importantes fue el Tratado de Limitación de Armas Estratégicas (SALT I) en 1972, que marcó el comienzo de un proceso de control de armas nucleares entre las dos superpotencias.

Este acuerdo fue fundamental para aliviar las tensiones de la Guerra Fría y prevenir una carrera armamentista incontrolable, lo que también le valió a Kissinger la reputación de un estratega maestro en la política de poder global. Su capacidad para comprender las complejidades de la política soviética y navegar en la diplomacia nuclear fue un sello distintivo de su estilo pragmático y calculador.

Quizás el logro más emblemático de Kissinger fue la histórica apertura de China. A lo largo de la Guerra Fría, Estados Unidos había aislado a la China comunista bajo el liderazgo de Mao Zedong, pero Kissinger vio en el acercamiento a China una oportunidad estratégica para alterar el equilibrio de poder global, particularmente en el contexto de las tensiones entre China y la Unión Soviética.

En 1971, Kissinger realizó un viaje secreto a Pekín que preparó el camino para la visita oficial de Nixon a China en 1972, un evento que marcó el restablecimiento de relaciones diplomáticas entre ambos países y cambió profundamente la dinámica de la Guerra Fría. Este movimiento no solo permitió a Estados Unidos establecer una relación más cercana con una potencia emergente, sino que también puso presión sobre la Unión Soviética para avanzar en el proceso de distensión.

La reapertura de relaciones con China es ampliamente considerada uno de los mayores logros de la diplomacia estadounidense en el siglo XX, y Kissinger fue el principal arquitecto de este cambio estratégico.

No obstante, uno de los episodios más controvertidos en la carrera de Kissinger fue su manejo de la guerra de Vietnam. Desde su posición como asesor de seguridad nacional, Kissinger fue clave en la formulación de la estrategia de "vietnamización", que implicaba la retirada gradual de las tropas estadounidenses y el fortalecimiento del ejército sudvietnamita para que asumiera el control del conflicto.

Kissinger también fue el principal negociador de los Acuerdos de Paz de París de 1973, que teóricamente ponían fin a la guerra entre Estados Unidos, Vietnam del Norte y Vietnam del Sur. Por sus esfuerzos en la negociación de este acuerdo, Kissinger fue galardonado con el Premio Nobel de la Paz en 1973, aunque la guerra continuaría hasta 1975, cuando las fuerzas comunistas tomaron Saigón. Esta situación desató críticas sobre la naturaleza del acuerdo y la prolongación de la guerra bajo su liderazgo, incluyendo el bombardeo secreto de Camboya y Laos.

La política exterior de Kissinger también tuvo un impacto significativo en América Latina y África, donde sus intervenciones generaron controversia. En Chile, por ejemplo, Kissinger fue acusado de haber apoyado activamente el golpe militar de 1973 que derrocó al gobierno democráticamente elegido de Salvador Allende y condujo a la dictadura de Augusto Pinochet. Kissinger justificó estas acciones como necesarias para evitar la propagación del comunismo en el hemisferio occidental, aunque muchos críticos lo acusaran de haber contribuido a violaciones de derechos humanos.

En África, Kissinger intervino en el conflicto de Angola, donde apoyó a los insurgentes respaldados por Sudáfrica contra el gobierno marxista. En su política africana, Kissinger buscaba limitar la influencia soviética y cubana en el continente, pero su enfoque en la contención comunista a menudo lo llevó a respaldar regímenes represivos y a perpetuar conflictos.

El legado de Henry Kissinger es profundamente complejo y polarizante. Sus defensores lo ven como un genio estratégico que comprendió la necesidad de un enfoque pragmático en la política exterior, guiado por el interés nacional y el equilibrio de poder. Bajo su liderazgo, Estados Unidos mantuvo la estabilidad global en un momento de gran tensión y logró avances diplomáticos que parecían imposibles, como la apertura a China y el control de armas con la Unión Soviética.

Sin embargo, sus críticos lo acusan de haber priorizado la estabilidad global a expensas de los derechos humanos y la moralidad. Su apoyo a dictaduras y regímenes represivos, su implicación en guerras secretas y su participación en políticas que llevaron a la muerte y sufrimiento de miles de personas, como en Vietnam y Chile, lo han convertido en una figura controvertida. Para muchos, su visión de la política internacional fue excesivamente cínica y carente de ética.

Henry Kissinger sigue siendo una de las figuras más influyentes y debatidas en la historia de la política exterior estadounidense. Su capacidad para maniobrar en las complejidades de la diplomacia internacional, su papel en la creación de un nuevo equilibrio global durante la Guerra Fría y su visión pragmática del poder le han asegurado un lugar central en la historia moderna. Sin embargo, sus métodos y decisiones, que a menudo implicaron graves violaciones de derechos humanos, dejan un legado marcado tanto por el éxito como por la controversia.

## 19.  Richard Branson

Richard Branson, nacido el 18 de julio de 1950 en Blackheath, Londres, es uno de los empresarios más emblemáticos e innovadores del mundo. Fundador del grupo Virgin, un conglomerado multinacional con intereses en industrias que abarcan desde la música hasta la aviación y el turismo espacial, Branson ha revolucionado sectores enteros con su enfoque audaz, su espíritu emprendedor y su carismática personalidad.

Conocido por su estilo desenfadado y su habilidad para combinar negocios con espectáculo, Branson se ha convertido en un símbolo de innovación y aventura empresarial. Su influencia no solo ha redefinido industrias, sino que también ha establecido un estándar para el liderazgo empresarial basado en la creatividad, el riesgo calculado y un enfoque centrado en la experiencia del cliente.

Richard Branson tuvo dificultades en la escuela debido a su dislexia, lo que afectó su rendimiento académico. A pesar de estas dificultades, desde muy joven mostró un fuerte instinto emprendedor. A los 16 años abandonó la escuela para fundar una revista llamada Student, que le permitió conectar con una audiencia juvenil en los años 60. Aunque la revista no fue un gran éxito comercial, Branson ya había demostrado su capacidad para identificar nichos de mercado y construir negocios basados en su intuición.

Fue a través de esta primera experiencia que Branson descubrió su pasión por los negocios y el potencial de crear algo nuevo a partir de la nada. Su siguiente paso fue fundar Virgin Records en 1972, lo que marcaría el verdadero comienzo de su carrera como empresario global.

Virgin Records, una compañía discográfica, comenzó como una pequeña tienda de discos en Londres, que rápidamente se posicionó como un sello innovador, firmando artistas que otros sellos más convencionales consideraban arriesgados. Uno de los primeros grandes éxitos de Virgin fue el álbum Tubular Bells de Mike Oldfield, que se convirtió en un fenómeno global.

Durante los años 70 y 80, Virgin Records firmó a algunos de los artistas más influyentes de la época, incluidos los Sex Pistols, Culture Club y The Rolling Stones. Branson se destacó por su capacidad de detectar talento en géneros emergentes y por tomar riesgos que otros ejecutivos de la industria evitaban.

Bajo su liderazgo, Virgin Records se convirtió en una de las discográficas más importantes del mundo, transformando el panorama musical de la época.

Sin embargo, en 1992, en una jugada estratégica para salvar otras áreas de su imperio empresarial, Branson vendió Virgin Records a EMI por aproximadamente 1,000 millones de dólares. Aunque fue una decisión dolorosa para él, esta venta le permitió enfocarse en otras áreas de su imperio Virgin.

Uno de los aspectos más notables del legado empresarial de Richard Branson es su capacidad para diversificar su imperio y llevar la marca Virgin a una amplia gama de industrias. Tras el éxito de Virgin Records, Branson lanzó Virgin Atlantic en 1984, su incursión en la industria de las aerolíneas. Virgin Atlantic se destacó desde el principio por su enfoque en el servicio al cliente y la innovación, desafiando a gigantes de la industria como British Airways. La aerolínea fue pionera en comodidades que se convertirían en estándar, como asientos más espaciosos y entretenimiento a bordo.

La creación de Virgin Atlantic fue un testimonio del estilo de liderazgo de Branson, basado en la idea de que la experiencia del cliente debía ser el enfoque principal. Su decisión de ingresar a una industria tan regulada y competitiva como la aviación fue vista como arriesgada, pero resultó ser un movimiento exitoso que consolidó su reputación como un empresario dispuesto a desafiar el status quo.

A lo largo de los años, Branson continuó expandiendo el grupo Virgin a otras industrias, como el transporte ferroviario (Virgin Trains), las telecomunicaciones (Virgin Mobile), la salud (Virgin Health) y los servicios financieros (Virgin Money). Cada una de estas incursiones estuvo marcada por la estrategia distintiva de Branson: desafiar a los jugadores establecidos mediante la innovación y un enfoque fresco y centrado en el consumidor.

El espíritu aventurero de Richard Branson va más allá de los negocios. A lo largo de su vida, ha realizado numerosos desafíos récord, incluyendo intentos de circunnavegar el mundo en globos aerostáticos y en embarcaciones, lo que ha cimentado su imagen como un aventurero global. Estos desafíos han servido tanto para generar publicidad para sus marcas como para satisfacer su deseo personal de aventura y riesgo.

Su enfoque de la vida empresarial y personal ha sido caracterizado por un fuerte rechazo a la conformidad y una inclinación a abrazar el fracaso como una oportunidad para aprender. Branson ha hablado abiertamente de sus errores empresariales, incluidos intentos fallidos como Virgin Cola (para competir contra Coca Cola) y Virgin Brides (negocio de vestidos de novia), lo que lo humaniza como empresario y muestra su resiliencia ante las adversidades.

Uno de los proyectos más ambiciosos y revolucionarios de Branson es Virgin Galactic, una compañía fundada en 2004 con el objetivo de hacer los viajes espaciales accesibles al público. Virgin Galactic representa una de las apuestas más grandes y arriesgadas en la carrera espacial comercial, con el objetivo de llevar turistas al espacio en vuelos suborbitales.

Este proyecto forma parte de la visión a largo plazo de Branson para crear una industria completamente nueva de turismo espacial, lo que podría cambiar fundamentalmente la relación de los seres humanos con el espacio exterior. Aunque ha habido múltiples retrasos y desafíos técnicos, en 2021 Virgin Galactic realizó su primer vuelo espacial tripulado, con Branson a bordo, demostrando su compromiso personal con el proyecto.

A pesar de los retos y críticas, Virgin Galactic simboliza el espíritu emprendedor visionario de Branson, que está dispuesto a asumir riesgos en la frontera de la innovación.

Branson no solo es conocido por su éxito empresarial, sino también por su filantropía y su activismo social. En 2004, fundó el Virgin Unite, la fundación sin fines de lucro del grupo Virgin, dedicada a abordar desafíos globales como la pobreza, el cambio climático y los derechos humanos. A través de esta organización, Branson ha trabajado en iniciativas de impacto social y ha colaborado con otras figuras destacadas, como Nelson Mandela y Desmond Tutu, en la creación del grupo The Elders, una organización de líderes mundiales que busca promover la paz y los derechos humanos.

Branson también ha sido un firme defensor de la acción contra el cambio climático y ha invertido en tecnologías de energía renovable. Su proyecto Carbon War Room está diseñado para identificar y acelerar soluciones empresariales para reducir las emisiones de carbono a nivel global.

A lo largo de su vida, Branson ha promovido una filosofía empresarial que combina el éxito financiero con un enfoque consciente hacia el impacto social y ambiental. Este enfoque ha influido en una nueva generación de empresarios, que ven en Branson un modelo de cómo los negocios pueden ser un motor de cambio positivo.

El estilo de liderazgo de Richard Branson es notable por su enfoque descentralizado y su énfasis en la cultura empresarial. Branson es conocido por delegar poder a sus equipos y fomentar un ambiente de trabajo relajado y creativo. Su estilo no jerárquico ha inspirado a muchos líderes empresariales a adoptar modelos de gestión más flexibles y a poner un mayor énfasis en la satisfacción de los empleados y clientes.

Además, su carisma y su habilidad para generar relaciones personales cercanas con empleados, socios comerciales y el público en general le han dado una ventaja competitiva única en el mundo de los negocios. Branson ha demostrado que el poder de una marca personal, cuando se combina con una sólida visión empresarial, puede ser una fuerza impulsora en el éxito de un negocio.

Richard Branson ha dejado una marca indeleble en el mundo empresarial y en la cultura popular. Como fundador de Virgin, ha creado uno de los imperios empresariales más diversos e innovadores del mundo. Su enfoque audaz, su habilidad para identificar nuevas oportunidades de mercado y su estilo de liderazgo accesible y empático lo han convertido en un icono global.

A pesar de algunos fracasos y contratiempos, su legado es el de un visionario incansable que ha redefinido lo que significa ser empresario en el siglo XXI. Con iniciativas como Virgin Galactic, Branson continúa mirando hacia el futuro, demostrando que su capacidad para soñar en grande y asumir riesgos calculados sigue siendo una parte central de su legado.

Su enfoque integral, que combina éxito financiero con conciencia social y ambiental, ha establecido un nuevo estándar para los líderes empresariales, y su influencia continuará moldeando el futuro de la innovación y el emprendimiento global.

## 20. Fidel Castro

Fidel Alejandro Castro Ruz, nacido el 13 de agosto de 1926 en Birán, Cuba, fue una de las figuras políticas más influyentes y controvertidas del siglo XX. Líder de la Revolución Cubana y presidente de Cuba durante casi cinco décadas, Castro dejó una marca profunda en la historia política global y en la de América Latina, enfrentando al poder de Estados Unidos y liderando uno de los pocos gobiernos comunistas en el hemisferio occidental.

Bajo su liderazgo, Cuba experimentó profundas transformaciones sociales, económicas y políticas. Sin embargo, su gobierno también estuvo marcado por la represión, la falta de libertades civiles y los abusos de los derechos humanos, generando fuertes críticas.

Castro fue admirado por algunos por su resistencia frente al imperialismo y su lucha por la soberanía cubana, mientras que otros lo vieron como un dictador que mantuvo a su país en la pobreza y el aislamiento.

Fidel Castro nació en una familia acomodada en Birán, en la provincia de Oriente, Cuba. Su padre, Ángel Castro, era un inmigrante español que había prosperado en la agricultura. A pesar de su origen privilegiado, Castro mostró desde joven un interés por la política y la justicia social. Estudió en colegios jesuitas antes de ingresar a la Universidad de La Habana, donde estudió Derecho. Fue en la universidad donde comenzó su carrera política, participando en movimientos de protesta estudiantil y volviéndose cada vez más crítico del régimen cubano bajo el dictador Fulgencio Batista.

Durante estos años, Castro desarrolló una mezcla de ideales nacionalistas y marxistas, convencido de que el imperialismo estadounidense era responsable de muchos de los problemas de Cuba y América Latina. En 1953, con solo 26 años, lideró un fallido ataque contra el cuartel militar de Moncada en Santiago de Cuba, lo que lo llevó a ser arrestado y posteriormente exiliado. Sin embargo, su famosa declaración en el juicio, "La historia me absolverá", lo consolidó como una figura de resistencia en el imaginario cubano.

Tras su liberación en 1955, Castro se exilió en México, donde organizó un pequeño grupo de revolucionarios que incluía a su hermano Raúl Castro y al argentino Ernesto "Che" Guevara. En 1956, estos hombres desembarcaron en Cuba a bordo del Granma para iniciar una campaña guerrillera contra el régimen de

Batista. Aunque al principio fueron perseguidos y casi aniquilados, Castro y sus fuerzas lograron establecer una base de operaciones en las montañas de la Sierra Maestra.

A medida que avanzaba la guerrilla, el movimiento revolucionario ganó fuerza y apoyo popular, especialmente entre los campesinos y las clases más pobres, descontentos con la corrupción y represión del régimen de Batista. En 1959, Batista huyó del país, y Castro entró triunfante en La Habana. La Revolución Cubana fue un cambio radical en la política cubana y sentó las bases para el establecimiento de un Estado socialista.

Tras la victoria revolucionaria, Fidel Castro rápidamente consolidó su control sobre el nuevo gobierno cubano. Al principio, no se definió abiertamente como comunista, pero en los años siguientes se alió estrechamente con la Unión Soviética y declaró a Cuba como un estado marxista-leninista. Esta decisión tuvo profundas implicaciones en la política exterior y la economía cubanas.

Bajo la autoridad de Castro, el gobierno expropió las tierras y empresas privadas, muchas de ellas de propiedad estadounidense, y nacionalizó la banca y la industria. Esto llevó a una rápida ruptura de las relaciones con Estados Unidos, que impuso un embargo económico a Cuba en 1960. En respuesta, Castro consolidó su alianza con la Unión Soviética, lo que garantizó el apoyo financiero y militar de Moscú durante décadas.

El liderazgo de Castro estuvo marcado por la centralización del poder. En 1965, fundó el Partido Comunista de Cuba y en 1976 asumió oficialmente los títulos de presidente del Consejo de Estado y presidente del Consejo de Ministros, lo que le otorgaba control sobre todos los aspectos de la vida política, militar y económica de Cuba.

Uno de los momentos más tensos en la historia de la Guerra Fría y de la presidencia de Castro fue la Crisis de los Misiles de 1962. En respuesta a la invasión fallida de Bahía de Cochinos de 1961, apoyada por la CIA, y ante la continua hostilidad de Estados Unidos, Castro permitió la instalación de misiles nucleares soviéticos en territorio cubano, lo que desató una confrontación directa entre Estados Unidos y la Unión Soviética.

El presidente estadounidense John F. Kennedy y el líder soviético Nikita Jrushchov negociaron la retirada de los misiles a cambio de que Estados Unidos no invadiera Cuba, pero Castro se sintió traicionado por Jrushchov al no haber sido consultado en las negociaciones. La crisis elevó a Castro a la escena internacional como una figura clave en la Guerra Fría y consolidó su reputación de líder desafiante e intransigente frente a las superpotencias.

En el ámbito interno, el gobierno de Castro llevó a cabo una serie de reformas sociales y económicas que cambiaron profundamente la estructura de la sociedad cubana. Implementó programas masivos de alfabetización y mejoró significativamente el acceso a la salud pública, logrando que Cuba alcanzara algunos de los mejores indicadores de salud y educación en

América Latina. La eliminación de las grandes desigualdades económicas fue uno de los logros clave de la Revolución.

Sin embargo, estos avances sociales vinieron a un alto costo. La economía cubana, altamente dependiente del azúcar y las exportaciones, sufrió bajo el control centralizado y la falta de innovación. Además, el embargo estadounidense y la dependencia de las subvenciones soviéticas dejaron al país en una situación económica precaria. Con la caída de la Unión Soviética en 1991, Cuba entró en el "Período Especial", una crisis económica severa que sumió al país en la pobreza extrema.

Fidel Castro consolidó su poder no solo a través de sus reformas sociales, sino también mediante un estricto control político. Su gobierno fue acusado repetidamente de violaciones de derechos humanos, incluyendo la represión de la libertad de prensa, la censura de la disidencia y el encarcelamiento de opositores políticos. Los disidentes fueron encarcelados o forzados al exilio, y los medios de comunicación y las instituciones culturales fueron fuertemente controlados por el Estado.

La falta de libertades civiles y políticas fue una constante bajo su gobierno, lo que llevó a muchos a condenar su régimen como una dictadura. Sin embargo, Castro también fue celebrado por mantener la independencia de Cuba frente al imperialismo estadounidense y por ofrecer apoyo a movimientos revolucionarios en América Latina, África y otros lugares del mundo.

A nivel internacional, Fidel Castro se convirtió en un símbolo del antiimperialismo y del movimiento comunista global. Bajo su liderazgo, Cuba apoyó movimientos de liberación en América Latina y África. En Angola, por ejemplo, las tropas cubanas jugaron un papel clave en la independencia del país frente al dominio colonial portugués, y en el Congo y Etiopía, Cuba también apoyó movimientos revolucionarios.

Castro fue una figura central en el Movimiento de los Países No Alineados, una coalición de naciones que no querían alinearse ni con Estados Unidos ni con la Unión Soviética durante la Guerra Fría. Esta posición le permitió cultivar relaciones con países de África, Asia y Medio Oriente, a pesar de las tensiones con Occidente.

En 2006, después de casi 50 años al frente del gobierno cubano, Fidel Castro cedió el poder provisionalmente a su hermano Raúl Castro debido a problemas de salud. En 2008, Raúl asumió oficialmente la presidencia, marcando el fin de una era. A pesar de su retiro, Fidel continuó influyendo en la política cubana a través de sus publicaciones y discursos.

Fidel Castro falleció el 25 de noviembre de 2016 a los 90 años, dejando un legado profundamente divisivo. Para algunos, fue un héroe revolucionario que desafió el imperialismo y luchó por la igualdad social. Para otros, fue un dictador que reprimió a su pueblo y llevó a su país a la ruina económica.

El legado de Fidel Castro es complejo y profundamente polarizante. Sus logros en salud, educación y su compromiso con la lucha contra el imperialismo lo convirtieron en una figura respetada en muchos países del Tercer Mundo. Sin embargo, para sus críticos, Castro fue un dictador que gobernó con mano de hierro, eliminando las libertades políticas y condenando a su país a décadas de pobreza y aislamiento. El embargo económico de Estados Unidos, junto con la mala gestión económica y la falta de reformas, hizo que muchos cubanos sufrieran durante su mandato.

El nombre de Fidel Castro seguirá siendo sinónimo de revolución, resistencia y controversia. A pesar de las profundas divisiones que su figura provoca, no cabe duda de que Castro fue uno de los líderes más influyentes del siglo XX, dejando una huella indeleble tanto en Cuba como en el escenario político global.

## 21. Vladimir Lenin

Vladimir Ilich Uliánov, más conocido como Vladimir Lenin, fue uno de los líderes políticos más influyentes del siglo XX. Nacido el 22 de abril de 1870 en Simbirsk, Rusia, Lenin fue el arquitecto de la Revolución Bolchevique de 1917 y el principal fundador de la Unión Soviética. Sus ideas revolucionarias basadas en el marxismo y su liderazgo en la consolidación del primer estado socialista del mundo dejaron una marca indeleble en la historia global.

A través de su liderazgo en la Revolución de Octubre, Lenin no solo transformó a Rusia, sino que también inspiró movimientos comunistas en todo el mundo. A pesar de su muerte temprana en 1924, su legado y su influencia continúan siendo objeto de debate, tanto por su papel en la creación de un nuevo sistema político como por las consecuencias de las políticas represivas que siguieron bajo el estalinismo.

Vladimir Lenin nació en una familia acomodada. Su padre era un inspector escolar, lo que permitió a Lenin acceder a una educación de calidad desde una edad temprana. La vida de Lenin cambió radicalmente en 1887, cuando su hermano mayor, Aleksandr Uliánov, fue ejecutado por participar en un complot para asesinar al zar Alejandro III. La muerte de su hermano radicalizó a Lenin y lo impulsó hacia la política revolucionaria.

Lenin estudió Derecho en la Universidad de Kazán, pero fue expulsado poco después por participar en actividades políticas. A partir de ese momento, comenzó a involucrarse profundamente en el marxismo, influenciado por las obras de Karl Marx y Friedrich Engels. Se trasladó a San Petersburgo, donde se unió a círculos socialistas y se dedicó a la organización clandestina de movimientos revolucionarios.

Debido a sus actividades revolucionarias, Lenin fue arrestado y exiliado a Siberia en 1897. Durante su exilio, escribió extensamente sobre política y economía, y comenzó a desarrollar sus ideas sobre el marxismo adaptado a las condiciones específicas de Rusia. En 1900, después de su liberación, se trasladó a Europa Occidental, donde pasó la mayor parte de los siguientes 17 años en exilio, escribiendo y organizando la lucha revolucionaria desde el extranjero.

En 1903, Lenin lideró la fractura dentro del Partido Obrero Socialdemócrata de Rusia, que se dividió en dos facciones: los bolcheviques, que Lenin lideraba y que abogaban por una revolución inmediata y una dictadura del proletariado, y los mencheviques, que defendían una vía más gradual hacia el socialismo. Esta división fue clave en la futura historia del partido y del socialismo ruso, ya que los bolcheviques terminarían tomando el control bajo el liderazgo de Lenin.

Lenin desarrolló su teoría sobre la necesidad de un partido de vanguardia formado por revolucionarios profesionales que liderarían la clase obrera hacia el socialismo. Esta teoría, que se apartaba del marxismo clásico, sería una de las claves para entender el éxito del bolchevismo en Rusia.

El año 1917 fue decisivo en la vida de Lenin y en la historia de Rusia. La Primera Guerra Mundial había devastado el país, creando una profunda crisis política, económica y social. En febrero de ese año, una revolución popular derrocó al zar Nicolás II y estableció un gobierno provisional. Sin embargo, este nuevo gobierno mantuvo a Rusia en la guerra, lo que generó un descontento creciente entre las masas.

Lenin, que estaba en el exilio en Suiza, vio en esta situación la oportunidad perfecta para la revolución socialista. Con la ayuda de Alemania, que esperaba que su regreso desestabilizara a Rusia, Lenin regresó al país en abril de 1917. Al llegar, publicó sus famosas "Tesis de Abril", en las que defendía la necesidad de derrocar al gobierno provisional, retirar a Rusia de la guerra y transferir todo el poder a los soviets, consejos formados por obreros, soldados y campesinos.

En octubre de 1917, los bolcheviques, bajo la dirección de Lenin y León Trotsky, lideraron la Revolución de Octubre, que derrocó al gobierno provisional en un golpe casi incruento. Lenin asumió el control del gobierno y comenzó a implementar políticas radicales para transformar a Rusia en un estado socialista.

Tras la Revolución de Octubre, Lenin enfrentó una feroz oposición tanto interna como externa. En 1918, estalló una guerra civil entre el Ejército Rojo, leal a los bolcheviques, y el Ejército Blanco, compuesto por diversas fuerzas contrarrevolucionarias. Durante este período, Lenin adoptó medidas extremas para mantener el poder y consolidar el nuevo estado soviético.

Una de las políticas más controvertidas de Lenin durante la guerra civil fue el Comunismo de Guerra, que incluyó la nacionalización de la industria y la confiscación forzosa de alimentos a los campesinos para abastecer al ejército y a las ciudades. Estas políticas, aunque necesarias para la supervivencia del régimen bolchevique, provocaron una enorme hambruna y un descontento generalizado en las zonas rurales.

En paralelo, Lenin lanzó una campaña de represión contra sus enemigos políticos, utilizando la Cheka, la policía secreta bolchevique, para eliminar cualquier oposición. Esta represión, conocida como el Terror Rojo, sentó las bases para las futuras purgas y abusos que caracterizarían al régimen soviético, especialmente bajo el liderazgo de Joseph Stalin.

En 1922, la guerra civil terminó con la victoria del Ejército Rojo y la consolidación del poder bolchevique en la mayor parte del antiguo Imperio Ruso. Ese mismo año, se fundó la Unión de Repúblicas Socialistas Soviéticas (URSS), con Lenin como su líder indiscutido. Sin embargo, el país estaba devastado por la guerra, la hambruna y la desindustrialización.

Para hacer frente a la crisis económica, Lenin introdujo en 1921 la Nueva Política Económica (NEP), una medida temporal que permitió un grado limitado de propiedad privada y mercado libre, especialmente en la agricultura y el comercio. La NEP fue un reconocimiento pragmático de que el comunismo de guerra había fallado y que era necesario un enfoque más flexible para reconstruir la economía.

Aunque la NEP ayudó a estabilizar la economía, Lenin siempre la consideró una solución temporal y esperaba que el país eventualmente regresara a una planificación económica completamente socialista.

A partir de 1922, la salud de Lenin comenzó a deteriorarse, afectado por una serie de derrames cerebrales que lo dejaron parcialmente paralizado y lo incapacitaron para gobernar activamente. Durante sus últimos años, Lenin se preocupó por el creciente poder de Joseph Stalin, que había ascendido a posiciones clave dentro del Partido Comunista. En su Testamento, Lenin recomendó la destitución de Stalin del puesto de

Secretario General, advirtiendo que su carácter autoritario era peligroso para el futuro del socialismo. Sin embargo, esta recomendación fue ignorada tras la muerte de Lenin.

Lenin murió el 21 de enero de 1924. Su cuerpo fue embalsamado y colocado en un mausoleo en la Plaza Roja de Moscú, donde permanece hasta el día de hoy. La muerte de Lenin marcó el fin de una era, pero el estado que había creado, la Unión Soviética, perduraría hasta su colapso en 1991. A su muerte, se desató una feroz lucha por el poder, que eventualmente llevaría a Stalin a consolidarse como el líder absoluto del partido y del país.

El legado de Vladimir Lenin es monumental y profundamente complejo. Como el líder de la primera revolución socialista exitosa de la historia, Lenin inspiró a generaciones de comunistas y revolucionarios en todo el mundo. Su visión de un estado socialista y su interpretación del marxismo, conocida como leninismo, se convirtieron en la base ideológica de numerosos movimientos revolucionarios en América Latina, Asia y África.

Lenin es visto por muchos como un estratega brillante y un líder pragmático que supo adaptarse a las circunstancias para llevar adelante su visión revolucionaria. Sin embargo, su uso de la violencia, la represión y el establecimiento de un estado de partido único sentaron las bases para los abusos que vendrían después, particularmente bajo el liderazgo de Stalin.

El leninismo, que aboga por un partido de vanguardia revolucionaria y la dictadura del proletariado, ha sido criticado por aquellos que ven en él las semillas del autoritarismo soviético. A pesar de esto, la influencia de Lenin sigue viva en muchos movimientos de izquierda que ven en su lucha por la emancipación de los trabajadores y la justicia social un ejemplo a seguir.

Vladimir Lenin fue, sin lugar a duda, una de las figuras más influyentes del siglo XX. Como líder de la Revolución Bolchevique y fundador de la Unión Soviética, Lenin cambió el curso de la historia mundial. Su vida y su obra continúan siendo objeto de debate, tanto por sus contribuciones a la teoría política como por las consecuencias de las políticas que implementó. Su legado, para bien o para mal, sigue vivo en el mundo contemporáneo.

## 22. Mark Zuckerberg

Mark Zuckerberg, cofundador y actual director ejecutivo de Meta Platforms, anteriormente conocida como Facebook, es una de las figuras más influyentes y controvertidas en el mundo de la tecnología y los negocios. Nacido el 14 de mayo de 1984 en White Plains, Nueva York, Zuckerberg revolucionó la forma en que las personas se conectan y comunican a través de internet. Desde el lanzamiento de Facebook en 2004, su plataforma ha crecido hasta convertirse en una de las compañías más grandes y poderosas del mundo, con miles de millones de usuarios.

Aunque Zuckerberg ha sido elogiado por su visión y su capacidad para transformar la interacción digital, también ha enfrentado numerosas críticas, tanto por la manera en que maneja la privacidad de los usuarios como por el papel de Facebook en la difusión de desinformación y contenido dañino. Su influencia, tanto en el ámbito tecnológico como en el social y político, ha dejado un legado que sigue dando forma al futuro de las comunicaciones y la tecnología.

Zuckerberg mostró una aptitud temprana por la informática. Criado en una familia judía de clase media alta, su padre, dentista, y su madre, psiquiatra, fomentaron su educación y habilidades. Desde pequeño, Mark destacó en la programación de computadoras, creando sus primeros programas a una edad muy temprana. Durante su adolescencia, diseñó un programa llamado ZuckNet, una herramienta de comunicación simple que su padre utilizaba para su consultorio dental.

Zuckerberg asistió a la prestigiosa Phillips Exeter Academy antes de matricularse en Harvard en 2002, donde inicialmente estudió psicología y ciencias de la computación. En Harvard, comenzó a desarrollar una serie de proyectos, entre los cuales se incluía Facemash, una plataforma que permitía a los estudiantes comparar fotos de compañeros universitarios y votar sobre quién era más atractivo. Este proyecto, aunque controvertido y rápidamente cerrado por la universidad, fue el precursor de lo que se convertiría en Facebook.

En 2004, junto con sus compañeros de universidad Eduardo Saverin, Andrew McCollum, Dustin

Moskovitz y Chris Hughes, Zuckerberg lanzó "The Facebook", una red social inicialmente limitada a estudiantes de Harvard. La idea era simple: crear un espacio donde los estudiantes pudieran interactuar, compartir fotos y estar al tanto de las actividades de sus compañeros.

El éxito fue instantáneo, y Zuckerberg rápidamente expandió la plataforma a otras universidades estadounidenses. La popularidad de Facebook creció exponencialmente, y en poco tiempo, Zuckerberg abandonó Harvard para dedicarse por completo al desarrollo de la plataforma. En 2005, recibió su primera gran inversión de Peter Thiel, cofundador de PayPal, lo que permitió la expansión masiva del sitio.

Con su sede ahora en Palo Alto, California, Zuckerberg transformó Facebook en una plataforma global. En 2006, la red social se abrió a cualquier persona mayor de 13 años con una dirección de correo electrónico válida, lo que marcó el inicio de su crecimiento explosivo.

A medida que Facebook crecía, Zuckerberg consolidaba su control sobre la compañía. A diferencia de otros gigantes tecnológicos de su tiempo, Zuckerberg siempre ha mantenido una gran cantidad de acciones con poder de voto, lo que le ha permitido mantener un control casi absoluto sobre las decisiones estratégicas y operativas de la empresa. Este control ha sido fundamental para llevar adelante su visión de transformar Facebook en una plataforma central para la vida digital de millones de personas.

Facebook continuó expandiéndose, comprando otras plataformas clave como Instagram en 2012 y WhatsApp en 2014, lo que ayudó a Zuckerberg a consolidar su dominio en el espacio de las redes sociales. Bajo su liderazgo, Facebook no solo se convirtió en la red social más popular del mundo, sino que también se transformó en una plataforma publicitaria gigantesca, compitiendo con Google por la mayor participación en el mercado de la publicidad digital.

Sin embargo, a lo largo de su carrera, Zuckerberg ha enfrentado desafíos significativos. La compañía ha sido objeto de intensas críticas por la manera en que gestiona los datos de los usuarios, así como por su papel en la difusión de noticias falsas, propaganda política y contenido divisivo. En particular, el escándalo de Cambridge Analytica en 2018, en el que se reveló que los datos de millones de usuarios habían sido utilizados sin su consentimiento para influir en elecciones políticas, sacudió la reputación de la empresa y colocó a Zuckerberg en el centro de las discusiones sobre la privacidad en la era digital.

En 2021, Zuckerberg anunció el cambio de nombre de la empresa de Facebook Inc. a Meta Platforms Inc., reflejando su ambición de liderar el desarrollo del metaverso, una visión de internet inmersivo y tridimensional donde las personas interactúan en entornos virtuales. Este cambio marca una nueva fase en la trayectoria de Zuckerberg como visionario tecnológico, quien ve el metaverso como el futuro de las interacciones sociales, laborales y recreativas.

Aunque el proyecto del metaverso aún se encuentra en desarrollo, Zuckerberg ha invertido miles de millones de dólares en investigación y desarrollo en este ámbito, incluyendo la creación de hardware como los visores de realidad virtual Oculus. A pesar del escepticismo que rodea esta apuesta, Zuckerberg está convencido de que el metaverso redefinirá la forma en que las personas se conectan y trabajan, tal como lo hizo Facebook en su momento.

El legado de Mark Zuckerberg está íntimamente ligado a su capacidad para transformar el modo en que las personas interactúan en línea. Con más de 3.000 millones de usuarios en sus diversas plataformas (Facebook, Instagram, WhatsApp), ha cambiado el panorama de las comunicaciones globales y la publicidad digital, creando un imperio que trasciende fronteras.

Bajo su dirección, Facebook pasó de ser una red social universitaria a un ecosistema digital global que influye en todos los aspectos de la vida moderna, desde la comunicación personal hasta el activismo político. Sin embargo, con este poder ha venido una gran responsabilidad y una serie de desafíos éticos y sociales. Zuckerberg ha sido duramente criticado por su manejo de la desinformación, el discurso de odio y la privacidad de los usuarios, lo que ha llevado a algunos a cuestionar si su enfoque en el crecimiento y el poder empresarial ha tenido consecuencias negativas para la sociedad.

Por otro lado, Zuckerberg ha utilizado su fortuna para la filantropía. Junto con su esposa, Priscilla Chan, fundó la Iniciativa Chan Zuckerberg, dedicada a la educación, la sanidad y la investigación científica. A través de esta organización, ha prometido donar una parte significativa de su riqueza para abordar algunos de los problemas más apremiantes del mundo, como la erradicación de enfermedades y la mejora del acceso a la educación.

Mark Zuckerberg ha dejado una marca profunda en el mundo moderno. Como fundador de Facebook y líder de Meta, ha transformado la manera en que las personas interactúan, comunican y consumen información en línea. Su visión innovadora, su capacidad para mantener el control de una de las empresas más grande del mundo y su ambición de liderar la próxima revolución tecnológica con el metaverso han consolidado su lugar como uno de los empresarios más influyentes del siglo XXI.

A pesar de las controversias que han marcado su carrera, Zuckerberg ha redefinido la era digital. Su influencia sigue siendo inmensa y su legado, aunque complejo, continúa evolucionando a medida que su empresa busca nuevas fronteras tecnológicas.


## 23. Karl Marx

Karl Heinrich Marx (1818-1883) fue un filósofo, economista, historiador, sociólogo y periodista alemán cuyas ideas han moldeado profundamente la historia política y social del mundo. Es ampliamente conocido por ser el coautor, junto con Friedrich Engels, del

Manifiesto Comunista y el autor de El Capital, dos de los textos más influyentes en la teoría política y económica. Marx es el padre del marxismo, una doctrina que aboga por la lucha de clases y el establecimiento de una sociedad sin clases ni explotación, lo que ha inspirado numerosos movimientos revolucionarios y la creación de estados socialistas en todo el mundo.

Aunque Marx no fue un político en el sentido práctico de ejercer el poder directamente, sus ideas han tenido un impacto masivo en la configuración de las estructuras políticas y económicas del siglo XX. A través de su crítica al capitalismo y su propuesta de una sociedad comunista, Marx no solo influyó en las revoluciones de países como Rusia, China y Cuba, sino que también dejó un legado intelectual que sigue siendo relevante en los debates contemporáneos sobre la desigualdad y la justicia social.

Karl Marx nació el 5 de mayo de 1818 en Trier, en lo que hoy es Alemania, en una familia judía que luego se convirtió al luteranismo. Su padre, un abogado, lo animó a seguir una carrera académica, y Marx estudió en las universidades de Bonn y Berlín, donde se interesó profundamente por la filosofía hegeliana. Fue en Berlín donde Marx se unió a un grupo de jóvenes hegelianos radicales que cuestionaban el sistema prusiano conservador y abogaban por reformas políticas.

Durante sus estudios universitarios, Marx se distanció del pensamiento hegeliano clásico, desarrollando una crítica materialista de la historia y la sociedad. Influenciado por Ludwig Feuerbach, comenzó a alejarse de la metafísica hegeliana y a centrarse en cuestiones más prácticas y terrenales, como la economía y las relaciones de poder en la sociedad. Esta evolución intelectual sería crucial para el desarrollo de su teoría del materialismo histórico, que establece que las estructuras económicas son la base sobre la cual se construyen todas las instituciones políticas y sociales.

En 1843, Marx se trasladó a París, donde conoció a Friedrich Engels, quien se convertiría en su colaborador más cercano. Engels había escrito sobre las condiciones de los trabajadores en Inglaterra, y sus ideas sobre la explotación de la clase obrera resonaron con las preocupaciones de Marx sobre el capitalismo. Juntos, comenzaron a trabajar en la formulación de lo que más tarde se conocería como marxismo, una teoría que combina una crítica radical del capitalismo con una visión de una sociedad futura sin clases.

En 1848, Marx y Engels publicaron el Manifiesto Comunista, uno de los textos políticos más influyentes de la historia. En este documento, Marx y Engels expusieron su teoría de la lucha de clases, afirmando que la historia de todas las sociedades hasta el momento era la historia de la lucha entre las clases dominantes y oprimidas. Según Marx, el capitalismo moderno había generado una nueva clase explotada, el proletariado, que eventualmente se levantaría para derrocar a la burguesía y establecer una sociedad comunista.

El Manifiesto Comunista tuvo un impacto inmediato, ya que fue publicado en un contexto de agitación revolucionaria en Europa, especialmente en 1848, cuando estallaron revoluciones en varios países europeos. Aunque estos levantamientos fueron reprimidos, el Manifiesto sirvió como una hoja de ruta ideológica para los movimientos obreros de las décadas posteriores.

Después del fracaso de las revoluciones de 1848, Marx se exilió en Londres, donde pasaría el resto de su vida. Aunque vivió en condiciones económicas difíciles, con frecuencia dependiendo del apoyo financiero de Engels, Marx continuó su trabajo teórico. Durante este período, escribió su obra maestra, El Capital. La primera de sus tres partes fue publicada en 1867, mientras que las otras dos fueron compiladas póstumamente por Engels.

En El Capital, Marx desarrolla su crítica más profunda y sistemática del capitalismo, analizando la naturaleza de la mercancía, la acumulación de capital, y la explotación de la clase obrera a través del plusvalor. Marx argumentó que el capitalismo es inherentemente inestable y autodestructivo debido a las contradicciones internas entre las fuerzas productivas y las relaciones de producción. Según Marx, el sistema capitalista inevitablemente conduciría a crisis económicas recurrentes, la polarización entre ricos y pobres, y, en última instancia, la revolución del proletariado.

Este análisis detallado de la economía capitalista fue una contribución clave no solo a la teoría socialista, sino también a la economía política y la sociología. Aunque El Capital no fue ampliamente reconocido en su tiempo, con el paso de las décadas se convertiría en una referencia fundamental para los economistas críticos del capitalismo y para los movimientos revolucionarios de todo el mundo.

Aunque Karl Marx no vivió para ver el triunfo de sus ideas en la práctica, su influencia creció significativamente después de su muerte en 1883. Durante el siglo XX, el marxismo se convirtió en la base ideológica de numerosas revoluciones y movimientos comunistas. La Revolución Rusa de 1917, liderada por Vladimir Lenin, fue quizás el ejemplo más destacado de la aplicación de las ideas de Marx a una situación concreta. Lenin adaptó las teorías de Marx para justificar una dictadura del proletariado y el establecimiento de un estado socialista.

El éxito de la Revolución Rusa fue seguido por una serie de revoluciones comunistas en todo el mundo, como en China, bajo Mao Zedong, y en Cuba, con Fidel Castro. Aunque estos líderes adaptaron el marxismo a las condiciones específicas de sus respectivos países, todos se basaron en las ideas fundamentales de Marx sobre la lucha de clases y la necesidad de derrocar el capitalismo.

El legado de Marx también se manifestó en el surgimiento de partidos comunistas y socialistas en Europa y América Latina, muchos de los cuales jugaron roles clave en la política de sus respectivos países. Además, durante la Guerra Fría, la confrontación entre el bloque comunista liderado por la Unión Soviética y las democracias capitalistas occidentales reflejaba el profundo impacto de las ideas de Marx en la geopolítica global.

Más allá de su influencia directa en los movimientos revolucionarios, el legado de Marx como pensador y teórico sigue siendo relevante en los debates contemporáneos sobre economía, política y sociología. El marxismo ha sido objeto de numerosas reinterpretaciones y críticas, pero sus ideas fundamentales sobre la desigualdad, la explotación y las contradicciones inherentes del capitalismo continúan teniendo resonancia en el siglo XXI.

Marx predijo que el capitalismo generaría una polarización creciente entre la clase capitalista y los trabajadores, un fenómeno que muchos observadores contemporáneos asocian con el aumento de la desigualdad económica y la concentración de la riqueza en manos de unas pocas corporaciones globales. Además, su crítica del fetichismo de la mercancía y la alienación de los trabajadores en el sistema capitalista ha sido ampliamente discutida por teóricos en campos como la economía, la sociología y la psicología.

El análisis de Marx sobre las dinámicas de poder y explotación sigue siendo una herramienta crítica para quienes buscan comprender las crisis económicas recurrentes y las tensiones sociales en las sociedades capitalistas contemporáneas. Aunque el socialismo de estado en países como la URSS colapsó, los movimientos de izquierda en todo el mundo continúan utilizando la obra de Marx como base para sus análisis y propuestas.

Karl Marx es, sin lugar a duda, una de las figuras más influyentes de la historia intelectual y política. Su crítica al capitalismo y su visión de una sociedad comunista han inspirado revoluciones, movimientos sociales y gobiernos a lo largo del siglo XX. A pesar de que sus ideas fueron aplicadas de maneras diversas y a menudo controvertidas, su legado sigue siendo profundo y vigente.

Marx no solo cambió el curso de la teoría política, sino que también ayudó a definir los términos del debate sobre la justicia social, la explotación y el poder económico que siguen siendo relevantes hoy. Sus escritos, especialmente El Capital y el Manifiesto Comunista, continúan siendo fundamentales para quienes buscan comprender y criticar las estructuras económicas y políticas que dominan el mundo actual.

## 24. Sigmund Freud

Sigmund Freud (1856-1939) es una de las figuras más influyentes del siglo XX y el fundador del psicoanálisis, una teoría revolucionaria del inconsciente que ha transformado nuestra comprensión de la mente humana. Freud no solo introdujo conceptos fundamentales como el inconsciente, los mecanismos de defensa y la transferencia, sino que también propuso una nueva forma de entender el desarrollo humano, especialmente a través de su teoría de la sexualidad infantil y el complejo de Edipo. A través de su obra, Freud cambió la forma en que se concibe la psicoterapia, los trastornos mentales y la naturaleza del ser humano.

Aunque sus teorías han sido objeto de controversia y crítica, la influencia de Freud es innegable, tanto en la psicología como en disciplinas tan diversas como la filosofía, la literatura y las ciencias sociales.

Sigismund Schlomo Freud nació el 6 de mayo de 1856 en Freiberg, Moravia (hoy Příbor, en la República Checa), en el seno de una familia judía de clase media. Cuando Freud tenía cuatro años, su familia se trasladó a Viena, donde pasaría la mayor parte de su vida. Desde joven, Freud mostró una gran capacidad intelectual, destacándose en la escuela y mostrando interés por la ciencia y el pensamiento.

Freud estudió medicina en la Universidad de Viena, donde fue alumno de varios influyentes científicos, entre ellos Ernst Brücke, quien sostenía una visión materialista de la mente. Bajo esta influencia, Freud comenzó a desarrollar una concepción científica del cerebro y el comportamiento humano. A pesar de haber iniciado su carrera como médico general y neurólogo, su verdadero interés estaba en comprender la mente humana, especialmente los trastornos mentales.

En 1885, Freud viajó a París para estudiar con Jean-Martin Charcot, un neurólogo que utilizaba la hipnosis para tratar la histeria. Charcot influenció profundamente a Freud al mostrarle que los síntomas histéricos, como la parálisis y los desmayos, podían tener causas psicológicas, lo que lo llevó a concluir que las enfermedades mentales no siempre tenían una base física.

El retorno de Freud a Viena marcó el comienzo de su trabajo pionero en la psicoterapia. Comenzó a colaborar con Josef Breuer, quien estaba utilizando el método catártico, es decir, permitir a los pacientes recordar y verbalizar experiencias traumáticas, lo que aparentemente aliviaba sus síntomas. Freud y Breuer publicaron juntos el influyente libro "Estudios sobre la histeria" (1895), que sentó las bases para el desarrollo del psicoanálisis.

Una de las principales aportaciones de Freud fue la formulación de su teoría del inconsciente. Freud observó que muchas experiencias y deseos reprimidos influían en el comportamiento de las personas, a menudo de manera inconsciente. A través de su trabajo con pacientes, Freud desarrolló el método de la asociación libre, donde el paciente hablaba sin censura sobre lo que venía a su mente, lo que permitía acceder a los pensamientos reprimidos. Esto fue crucial para el nacimiento del psicoanálisis como una herramienta terapéutica y teórica.

El concepto de inconsciente de Freud fue una de las innovaciones más importantes en la psicología moderna. Freud propuso que la mente humana estaba dividida en tres partes: el consciente, el preconsciente y el inconsciente. Según Freud, el inconsciente albergaba recuerdos, deseos y emociones reprimidas que influyen en el comportamiento y los pensamientos conscientes de las personas, a menudo causando conflictos internos.

Freud también es famoso por su análisis de los sueños, que veía como la "vía regia" hacia el inconsciente. En su obra "La interpretación de los sueños" (1900), Freud explicó que los sueños son expresiones disfrazadas de deseos reprimidos. Utilizó el análisis de los sueños como una herramienta clave en su práctica terapéutica para desentrañar los conflictos internos de sus pacientes.

Una de las teorías más controvertidas de Freud es su concepción de la sexualidad infantil. Freud sostenía que los impulsos sexuales no emergen solo en la pubertad, sino que están presentes desde el nacimiento y evolucionan a través de varias etapas del desarrollo. Definió etapas del desarrollo psicosexual como la fase oral, anal y fálica, cada una de las cuales está relacionada con un área del cuerpo que proporciona placer en cada etapa.

El complejo de Edipo es quizás la parte más conocida de su teoría de la sexualidad infantil. Freud propuso que, durante la fase fálica, los niños experimentan un deseo inconsciente por el progenitor del sexo opuesto y sentimientos de rivalidad con el progenitor del mismo sexo. Este concepto ha sido altamente debatido, pero sigue siendo una de las piedras angulares de su teoría.

A lo largo de su carrera, Freud refinó su modelo de la mente. Propuso que la personalidad humana estaba estructurada en tres componentes: el ello, el yo y el superyó. El ello representa los deseos instintivos y primitivos, el superyó es la internalización de las normas sociales y morales, y el yo actúa como mediador entre ambos, buscando satisfacer los deseos del ello de una manera que sea socialmente aceptable. Esta teoría del conflicto psíquico interno ha sido central en la comprensión freudiana del comportamiento humano.

Freud no solo ejerció poder en términos de su influencia intelectual, sino también en la construcción de un movimiento psicoanalítico que cambió la práctica de la psicoterapia. En 1902, Freud fue nombrado profesor extraordinario en la Universidad de Viena, un reconocimiento importante, aunque tardío, a su contribución a la ciencia. Ese mismo año, fundó la Sociedad Psicoanalítica de Viena, donde se reunían destacados discípulos, como Carl Jung y Alfred Adler, para discutir y difundir sus teorías. Estas reuniones ayudaron a establecer el psicoanálisis como un campo formal y a expandir su influencia más allá de Austria.

A lo largo de su vida, Freud fue una figura polémica, desafiando las concepciones tradicionales sobre la mente y la moralidad de su época. A pesar de la resistencia inicial de la comunidad médica y académica, el poder de las ideas de Freud se fue expandiendo, especialmente en Europa y América del Norte. Varios de sus discípulos, como Jung y Adler, desarrollaron sus propias escuelas de pensamiento, divergentes de las enseñanzas freudianas, lo que subraya el impacto multifacético que tuvo en la psicología moderna.

En 1938, después de que los nazis anexaran Austria, Freud, que era judío, huyó de Viena a Londres con su familia. Ya sufría de cáncer de mandíbula, una enfermedad que lo aquejó durante los últimos años de su vida. Murió en Londres el 23 de septiembre de 1939, a los 83 años.

A pesar de la controversia que ha rodeado a muchas de sus ideas, el legado de Freud es inmenso. El psicoanálisis ha tenido una influencia profunda no solo en la psicología y la psiquiatría, sino también en áreas como la literatura, la filosofía, el cine y el arte. Las ideas freudianas sobre el inconsciente, la represión y la sexualidad han permeado la cultura popular y continúan siendo objeto de estudio y debate.

El psicoanálisis como práctica terapéutica sigue siendo utilizado en muchas partes del mundo, principalmente en Argentina y Francia, aunque ha sido complementado y, en algunos casos, reemplazado por enfoques psicológicos más modernos, como la terapia cognitivo-conductual. Sin embargo, el enfoque freudiano en la importancia de los conflictos internos, los deseos inconscientes y la infancia en la formación de la personalidad sigue siendo una base fundamental para muchas formas de terapia psicológica.

La influencia de Freud trasciende el ámbito clínico y académico. Sus teorías han influido en el arte, el cine, la literatura y la crítica cultural. Autores y cineastas, desde James Joyce hasta Luis Buñuel, han utilizado conceptos freudianos para explorar los rincones más oscuros de la mente humana. Además, la teoría freudiana sobre los sueños, la sexualidad y los mecanismos de defensa ha proporcionado un marco para interpretar el comportamiento humano en una variedad de contextos.

Sin embargo, Freud también ha sido objeto de intensas críticas. Algunos críticos afirman que sus teorías carecen de rigor científico y que muchos de sus casos clínicos fueron interpretados de manera subjetiva. Otros han señalado que sus teorías, particularmente su enfoque en la sexualidad infantil y el complejo de Edipo, son reduccionistas y no aplicables a todas las culturas. A pesar de estas críticas, la importancia de Freud en la historia del pensamiento sigue siendo indiscutible.

## 25. Albert Einstein

Albert Einstein (1879-1955) es ampliamente reconocido como uno de los más grandes científicos de la historia, y su nombre es sinónimo de genialidad. La contribución más célebre de Einstein es su teoría de la relatividad, que revolucionó la comprensión de conceptos fundamentales como el espacio, el tiempo, la energía y la gravedad. Su famosa ecuación $E=mc^2$, que describe la equivalencia entre masa y energía, tuvo un impacto profundo tanto en la ciencia teórica como en aplicaciones prácticas, como el desarrollo de la energía nuclear.

A lo largo de su vida, Einstein no solo fue un físico excepcional, sino también una figura pública que usó su influencia para promover la paz y la justicia social.

Albert Einstein nació el 14 de marzo de 1879 en Ulm, en el Reino de Wurtemberg (Alemania). Aunque su familia era judía, no era especialmente religiosa, lo que influyó en la cosmovisión racionalista que Einstein desarrolló a lo largo de su vida. Desde niño, Einstein mostró una curiosidad insaciable por el mundo natural. Sin embargo, su desarrollo académico fue algo irregular; era brillante en matemáticas y física, pero tuvo dificultades con la educación tradicional, ya que no encajaba en el aprendizaje mecánico que predominaba en las escuelas alemanas de la época.

En 1896, Einstein ingresó al Politécnico de Zúrich (hoy ETH Zúrich), donde estudió física y matemáticas. Después de graduarse en 1900, pasó algunos años sin poder encontrar un puesto académico, lo que lo llevó a trabajar como empleado en la Oficina de Patentes en Berna, Suiza. Este período resultó ser uno de los más productivos de su vida, ya que, mientras trabajaba allí, continuó investigando física teórica de forma independiente.

El año 1905, conocido como el annus mirabilis de Einstein, marcó el inicio de su ascenso al estrellato científico. Durante ese año, publicó cuatro artículos que transformaron radicalmente la física. Los temas de estos artículos abarcaban desde el efecto fotoeléctrico, la teoría browniana, hasta la teoría especial de la relatividad, culminando con la ecuación $E=mc^2$.

Efecto fotoeléctrico: En este artículo, Einstein propuso que la luz estaba compuesta de partículas discretas (fotones) y que estos podían liberar electrones de un metal cuando eran absorbidos. Este trabajo sentó las bases de la teoría cuántica, lo que le valió el Premio Nobel de Física en 1921.

Movimiento browniano: En otro artículo, Einstein explicó cómo el movimiento aleatorio de partículas suspendidas en un fluido (el movimiento browniano) se debía al impacto de las moléculas del fluido. Este trabajo proporcionó una evidencia clave para la existencia de los átomos, que en ese momento no era universalmente aceptada.

<u>Teoría especial de la relatividad:</u> Este fue quizás su logro más innovador en ese año. Einstein demostró que las leyes de la física son las mismas en todos los sistemas de referencia inerciales y que la velocidad de la luz es constante, independientemente del movimiento del observador. Esto implicaba que el espacio y el tiempo no eran absolutos, sino relativos al estado de movimiento del observador. Esta idea revolucionaria cambió radicalmente la física y nuestra comprensión del universo.

<u>$E=mc^2$</u>: En otro artículo de 1905, Einstein presentó la ecuación que vinculaba la energía (E) con la masa (m) a través de la velocidad de la luz al cuadrado ($c^2$). Esta ecuación demostró que la masa y la energía son intercambiables, una idea fundamental que más tarde sería clave en el desarrollo de la energía nuclear.

Si bien la teoría especial de la relatividad resolvió problemas relacionados con los sistemas inerciales, Einstein se dio cuenta de que no abordaba los sistemas acelerados ni la gravedad. Durante una década, trabajó en una teoría más general que incluyera la gravedad, y en 1915 presentó su teoría general de la relatividad.

La teoría general de la relatividad cambió para siempre nuestra comprensión de la gravedad, que no es una fuerza directa entre dos cuerpos, como propuso Newton, sino el resultado de la curvatura del espacio-tiempo causada por la presencia de masa y energía. Según esta teoría, los objetos grandes, como planetas y estrellas, deforman el espacio-tiempo a su alrededor, lo que explica fenómenos como la órbita de los planetas y la curvatura de la luz alrededor de objetos masivos.

La confirmación empírica de la teoría de la relatividad general llegó en 1919, cuando una expedición liderada por el astrónomo Arthur Eddington observó el desplazamiento de la luz de estrellas lejanas al pasar cerca del Sol durante un eclipse. Este descubrimiento convirtió a Einstein en una celebridad mundial.

A medida que su fama crecía, también lo hacía su influencia fuera del mundo científico. En los años 20 y 30, Einstein comenzó a involucrarse cada vez más en asuntos políticos y sociales. Era un pacifista convencido y un defensor del sionismo, aunque creía en una solución pacífica para la coexistencia entre judíos y árabes en Palestina. Sin embargo, sus ideales pacifistas fueron desafiados con la llegada del nazismo en Alemania.

Cuando Adolf Hitler llegó al poder en 1933, Einstein, de origen judío, abandonó Alemania y se exilió en los Estados Unidos. Allí se unió al Instituto de Estudios Avanzados en Princeton, donde pasaría el resto de su vida.

Durante la Segunda Guerra Mundial, Einstein adoptó una postura más pragmática en cuanto al uso de la fuerza, especialmente al enterarse de los avances alemanes en la investigación nuclear. En 1939, firmó una famosa carta dirigida al presidente Franklin D. Roosevelt, alertando sobre la posibilidad de que Alemania estuviera desarrollando una bomba atómica. Esta carta influyó en la creación del Proyecto

Manhattan, aunque Einstein nunca participó directamente en él.

Después de la guerra, Einstein se convirtió nuevamente en un firme defensor del desarme nuclear y trabajó incansablemente en favor de la paz y los derechos civiles, utilizando su celebridad para promover estos valores.

El legado de Einstein en la ciencia es profundo y multifacético. Su trabajo en la relatividad cambió para siempre la física teórica, y muchas de sus ideas fueron fundamentales para el desarrollo de áreas como la física cuántica, la cosmología y la astrofísica. A continuación, se destacan algunas de las áreas más influyentes de su trabajo:

Relatividad: La relatividad especial y general han sido confirmadas experimentalmente en innumerables ocasiones y siguen siendo pilares fundamentales en la física moderna. Los experimentos actuales, como los de la tecnología GPS, dependen de correcciones relativistas para ser precisos.

Física cuántica: Aunque Einstein tuvo una relación complicada con la física cuántica, ya que rechazaba la noción de que el universo pudiera estar gobernado por el azar ("Dios no juega a los dados"), su trabajo inicial sobre el efecto fotoeléctrico fue crucial para el desarrollo de esta teoría.

Energía nuclear: La ecuación $E=mc^2$ proporcionó la base teórica para comprender la energía nuclear, lo que condujo tanto a aplicaciones civiles, como la energía nuclear, como a desarrollos militares, como las armas nucleares.

Einstein no solo influyó en la ciencia, sino que su forma de pensar también dejó una profunda huella en la cultura y la filosofía del siglo XX. Su insistencia en la búsqueda de la verdad y su escepticismo sobre el azar en la física inspiraron a generaciones de filósofos y pensadores a reflexionar sobre la naturaleza del conocimiento, la realidad y el universo.

Einstein también se destacó por su humildad y humanismo. A pesar de su fama mundial, era conocido por su sencillez y su rechazo a los honores y el reconocimiento superficial. En palabras de Einstein: "El valor de un hombre debería verse en lo que da, no en lo que es capaz de recibir".

Einstein continuó trabajando en la ciencia hasta los últimos días de su vida, aunque nunca logró su objetivo final de desarrollar una teoría del campo unificado que reconciliara la gravedad y la electromagnética en un solo marco teórico. Murió el 18 de abril de 1955, a los 76 años, en Princeton, Nueva Jersey.

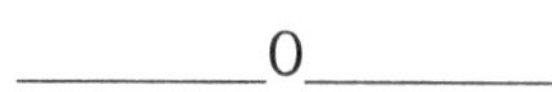

Otros libros del historiador Phillips Tahuer que encontrarás en esta plataforma:

**Contenido de la Enciclopedia de los Misterios**

**Volumen 1:**
Cap.1 Personajes enigmáticos
Cap.2 Historias perdidas
Cap.3 Seres misteriosos
Cap.4 Superpoderes
Cap.5 Pasado tecnológico

**Volumen 2:**
Cap.1 Arquitectura intrigante
Cap.2 Culturas misteriosas
Cap.3 Fenómeno OVNI
Cap.4 Abducciones
Cap.5 El Triángulo de las Bermudas

**Volumen 3:**
Cap.1 Objetos misteriosos
Cap.2 Asombrosas desapariciones
Cap.3 Sucesos sin explicaciones
Cap.4 Mundo fantasmagórico
Cap.5 Hechizos y brujería

**Volumen 4:**
Cap. 1 Misterios religiosos
Cap. 2 Misterios científicos
Cap. 3 Animales imposibles
Cap. 4 Viajes en el tiempo
Cap. 5 Videntes y profecías

**Volumen 5:**
Grandes misterios sin resolver

**Libro 6:**
Las más grandes teorías conspirativas